JN023871

《新版》

# モンゴル語のしくみ

温品廉三
………▶著

白水社

収録音源は無料でダウンロードできます。

http://www.hakusuisha.co.jp/language/shikumi.php

## まえがき

　モンゴル語の世界へ，ようこそ．

　これからみなさまを「モンゴル語」という名の草原にご案内いたします．ただ，このたびは旅の時間が短いため，草原のなかのおもな見どころだけを馬に乗って訪れる特別ツアーです．

　「モンゴル語はどんなしくみをもった言語なんだろうな」というみなさまの疑問に，なるべくわかりやすい例文などを用いながらお答えします．

　１ページ１ページをめくりながら，「なるほど，モンゴル語の文字のしくみはこうなんだ！」「なるほど，語のつづりと発音はこんな感じなんだ！」「なるほど，文法はこういうしくみだったんだね！」などとうなずいていただければと思います．

　モンゴル語の意外なおもしろさや不思議さ，あるいは意外なむずかしさややさしさを味わってください．

　では，みなさまのモンゴル語の旅が快適なものになることを祈っています．

著　者

# 目次

まえがき　3

## 1章
文字と発音のしくみ……………………… 8

コラム：音から語へ　18

## 2章
書き方と語のしくみ…………………… 22

コラム：語から文へ　32

## 3章
文のしくみ…………………… 36

コラム：基本的な文法用語について　46

コラム：モンゴル語の３大特徴　48

## 1章
人と時間のしくみ……………………… 52

## 2章
区別のしくみ……………………… 76

## 3章
「てにをは」のしくみ……………………… 100

## 4章
数のしくみ……………………… 124

## 5章
実際のしくみ……………………… 132

参考図書ガイド　146

イラスト：九重加奈子
装丁：東幸央（協力：中山デザイン事務所）

# 1 文字と発音のしくみ

## 【3つのグループ】

早速，モンゴル語のアルファベットを見ていきましょう．

Тэр гэр． あれはゲルです．

「〜です」にあたる語がなくても，モンゴル語では完全な文になります．
すると，上の2つの語のうちどちらが「ゲル」か見当がつきますね．Т
はローマ字のtの大文字と同じ形をしているので，Тэрは「ゲ」ではじ
まる語ではなさそうです．そうです，「ゲル」はгэрのほうです．すると，
「あれは」はТэрになりますね．ちなみに，ゲルとは牧畜民の移動式住
居のことです．

モンゴル語のアルファベットには，ロシア語と同じキリル文字が使わ
れています．ローマ字と同じ形のものもあれば，そうでないものもあり
ます．まず，Тは形と読み方がローマ字と同じグループに入るので問題
ありません．なお，小文字はтとなります．

ところが，ローマ字と形が同じでも読み方が異なるグループもあるの
で，要注意です．

Тэрとгэрのそれぞれ右端の文字рがその例です．ローマ字では「パ，
ピ，プ...」の最初の音を表す文字ですが，モンゴル語では「ラ，リ，ル，
レ，ロ」の最初の音を表す文字になります．

さらに，キリル文字特有の形をした文字があります．Тэрとгэрのな
かにも2種類でてきています．эとгです．

эは［エ］の音を表します．ローマ字のEの左右を逆にした形に近い
ので，なんとなく「エ」と読めそうです．また，гはローマ字のrにす
こし形が似ていますが，読み方はまったく異なります．「ゲル」を意味
する語なので，гは「ガ，ギ，グ，ゲ，ゴ」の最初の音を表す文字であ

るとわかります.

　これで全部の文字を読むことができそうです. ［テル　ゲル］.

　では，次の文を見てください.

　Тэр Чингис хаан. あれはチンギス・ハーンです.

　チンギス・ハーンはЧингис хаанの部分ですね. まずはЧингис「チ
ンギス」ですが，独特な形の文字はどれでしょう. Чとиとгですね. г
はガ行の最初の音を表す文字でした. Чは「チャ, チ, チュ, チェ, チョ」
の最初の音を表す文字で，иは［イ］の音を表します. ローマ字のNを
裏返しにしたような形をしていますが，読み方はまったく別物です. な
お，人名なので大文字ではじまっています. Чの小文字はчです. あ
とはどんな文字がありますか.

　残りの文字нとсは，ローマ字にも同じ形の文字があります. でも，
気をつけてください. нはハ行ではなく，ナ行の最初の音を表す文字な
のです. ここでは「ン」です. сは「サ, ス, セ, ソ」の最初の音を表
す文字です.

　では，хаан「ハーン」の部分も見てみましょう.

　аは問題ありません. ［ア］の音を表します. ааと2つ並ぶと［アー］
という長い音になります. нはすでにでてきました. 残るはхです.
хはローマ字に同じ形の文字がありますが，モンゴル語の発音は独特で
す.「ハ, ヘ, ホ」の最初の音に近い音を表します.「ハ, ヘ, ホ」を発
音しながら，口の奥の方で息を強く摩擦させるとモンゴル語のхの音
になります. なお，日本語のハ行の最初の音とまったく同じ音を表す文
字はモンゴル語にはありません.

　全体で［テル　チンギス　ハーン］となります.

## 【モンゴルと日本】

　次は，私たちにおなじみの地名が入った文をとりあげます．

Тэр говь.　　　　　あれはゴビ地方です．

Тэр Улаанбаатар.　あれはウランバートルです．

　まず，母音の字を確認します．右側の語で母音を表すものはこのなか
に4種類あります．аは［ア］で，ааと2つ並ぶと［アー］でしたね．
оはモンゴル語では日本語の「オ」よりも口の開け方をやや大きめにし
て発音します．さて，残りの2つはどれでしょう．

　モンゴル国の首都名は，カタカナ表記では「ウ」ではじまるので，у
の字が「ウ」なのかなと思うかもしれません．たしかに，ローマ字の小
文字 y と同じような形をしているこの文字は，母音です．でも，「ヤ，ユ，
ヨ」とはまったく関係がありません．そのうえ，表す音は「ウ」ではなく，
［オ］なのです．оの字も［オ］でしたね．モンゴル語には日本語の「オ」
に似た音がいくつもあるのです．оとちがって，уは日本語の「オ」よ
りも口の開け方が小さく，唇を丸く突き出す形になります．

　母音に関係する文字はあと1つ．говь「ゴビ」の右半分のвьが「ビ」
に対応していそうなので，ьが「イ」なのではないかと考えるのが当然
でしょう．そのとおりです．ただし，ьは「弱いイ」を表します．なお，
このьはローマ字の b と形がよく似ていますが，高さが b の半分です．

　では次に，子音を見てみましょう．右側の語で子音を表す文字は全部
で7種類あります．гとнとтとрはすでに触れましたので，残りの
3つを探してください．

　「ゴビ」という日本語表記からвьが「ビ」に対応することを上で見ま
した．ではвがバ行を発音するときの最初の音を表すのでしょうか．実は

すこしちがって，вが表すのはワ行の最初の部分の音なのです．これに「弱いイ」がついて［ウィ］，говь全体で［ゴウィ］に近い音になります．

　「ウランバートル」にもバ行音があります．「バー」に対応するのがбааの部分ですが，このбがバ行を発音するときの最初の音を表します．

　残った子音は1つ．「ウランバートル」のなかにあるлの文字です．この文字は英語の l に相当します．英語の r と l の区別に似たものがモンゴル語にもあります．рとлです．しかし，発音は英語とは異なります．лは特別な音色をもちます．舌の先を歯茎の裏にくっつけたまま息を外へ出しながら，その息を舌の両側でこすらせて，ざらりとした感じの音を出します．サ行音にも聞こえるこの独特な音を，この本では「ら，り，る，れ，ろ」と記すことにします．これでУлаанбаатарもすべて読めるようになりました．［オラーンバータル］です．次は国名です．

　Энэ Монгол.　これはモンゴルです．

　Энэ Япон.　　これは日本です．

「これは」を表す語がЭнэだとわかります．эは［エ］，нはナ行の最初の音なので，「エネ」となるはずです．しかし，実際には［エン］という発音になります．どうしてでしょう．実は，語の最後がн＋母音で終わっている場合はその母音を読まないという約束があるのです．

　では，2つの文のそれぞれ右側の語を見てみましょう．Монголが「モンゴル」ですが，Мの文字はローマ字と同じくマ行の最初の音を表します．［モンゴる］という発音になります．Японはどうでしょうか．これが「日本」です．最初のЯはローマ字のRを裏返した形ですが，読み方はRとは無関係です．ヤ行の最初の音を表します．その次のпがパ行の最初の音を表すので，Японは全体で［ヤポン］となります．

## 【飲みものと食べもの】

このへんで，飲み物でも飲みながら一休みしましょう．

Кофе авъя.　コーヒーをください．

Цай авъя.　　お茶をください．

それぞれの文の左側の語が飲み物の名前ですね．2つの文に共通する右側のавъяは，字義どおりには「もらいましょう」「買いましょう」という意味ですが，物を注文するときやお店での買い物の場面では，「〜をください」としてよく使われる表現です．

авъяのなかで3つの文字はすでにでてきたものですので，3つめのъを見てみましょう．この文字は「弱いイ」を表すьと似ていますが，形がすこし異なります．このъはそれ自体の音はなく，前後の文字を分けて読むことを示します．つまり，[アウ・ヤ]となります．ただし，実際の発音では「アウヤー」あるいは「アワイ」のように聞こえます．

飲み物の名前に移ります．

Кофеが「コーヒー」ですね．[コーフェ]と発音します．ロシア語でのつづりがそのまま使われています．ロシア語からの外来語なので，つづりと発音の関係がやや例外的になります．

Кはローマ字と同じく，カ行の最初の音を表します．Коで「コ」と読むはずですが，ここでは「コー」と長く伸ばして発音します．фはローマ字のfに相当し，「ファ，フィ，フ，フェ，フォ」の最初の音を表します．次のeはローマ字のeと同じ形をしていますが，表す音は「エ」ではなく，[イェ]です．すると，Кофеは「コーフィェ」となりますが，外来語としての例外で[コーフェ]と発音します．ややこしいですね．

次は「お茶」を表すЦай．Цの文字はローマ字にはないですね．「ツァ，

ツィ, ツ, ツェ, ツォ」の最初の音を表します. Цの後ろにaйがつづ
いています. aはすぐにわかりますが, йは何でしょうか.

　йは文字の形としてはи［イ］の上に記号がついています. иの仲間だ
けど使われ方に制限があるということで,「半分のи」という名前をもっ
ています. 語の先頭に来たり, 子音を表す文字の後ろにくることはあり
ません. かならずaやoなどの母音を表す文字の後ろに現れます. そし
てどの母音字の後ろにくるかによって発音もすこしずつ変わってきま
す. たとえば, aйは［アェ］, ийは［イー］, эйは［エー］となります.
よってЦайは［ツァェ］と読みます.

　では, 飲み物のほかに羊肉の料理も注文してみましょう.

Бууз авъя.　　　　ボーズをください.

Хуушуур авъя.　ホーショールをください.

「ボーズ」は羊肉の入った蒸し饅頭,「ホーショール」は肉を平たく伸
ばし小麦粉の皮をつけて油で揚げたものです. ２つの料理名のなかに
ууというつづりが３か所もでてきます. у［オ］が２つ並んでいるので
［オー］. ただし, 日本語の「オ」よりも口をすぼめて発音することに注
意してください.

　Бはбの大文字ですから, 初めての文字はзとшの２文字だけです.

　зは数字の３とよく似た形をしています. また, キリル文字に慣れな
いうちは,「エ」を表すэと見間違えることがあるのでご注意のほどを.
ザ行の最初の音を表します. Буузは［ボーズ］となります.

　шの文字は「シャ, シ, シュ, シェ, ショ」の最初の音を表します.
Хуушуурは全体で［ホーショール］となります.

## 【ドルジは力士です】

　では，ここでみんなで撮った集合写真を見ながらモンゴル人の男性と女性を話題にしてみましょう．

　　Энэ Дорж.　これはドルジです．
　　Дорж бөх.　ドルジは力士です．

　「ドルジ」は男性によくある名前です．チベット語起源の人名で「金剛石」という意味をもっています．ДоржのДоの部分が「ド」にあたります．Дの文字がダ行の最初の音を表します．pは舌を震わせるrの音でした．最後のжは「ジャ，ジ，ジュ，ジェ，ジョ」の最初の音を表す文字です．ロシア語のжは，ちょっと特別な発音方法になるそうですが，モンゴル語では日本語式の「ジャ，ジ...」で大丈夫です．Доржで［ドルジ］となります．

　бөхが「力士」あるいは「相撲」を表す語です．これは発音をカタカナで表しにくい語です．「ブフ」「ブヘ」「ボフ」「ボホ」「ボヘ」などいくつか考えられます．というのはөとxの文字があるからです．

　өの文字はoの真ん中に横線が入った形をしています．ギリシア文字のθ（シータ）に似ていますが，θほど縦に長くありません．［オ］の音を表します．これまで「オ」の音を表す文字は2つでてきました．oとyです．өで3つめですね．өは，oよりは口の開け方を小さく，yよりは大きめに開けます．口の形はやや三角形ぎみになります．そのため，「オ」と「ウ」の中間，さらにはネイティブの発音をよく聴くと「オ」と「ウ」と「エ」のあいだというのが正確なところです．このөは世界の言語のなかでも比較的珍しい母音のようです．

　最後のxは重要です．

　xは語の最後に来ると，カタカナではとても書き表せないような響きになります．これこそがモンゴル語らしさを演出する代表的な音のひとつであると言えます．口の奥の方で息を強く摩擦して出す音です．「ク」「ケ」「ヘ」「ホ」とどれにも聞こえるような音を発するとよいでしょう．とりあえずここでは，бөхを［ボホ］としておきます．

　次は女性に登場してもらいましょう．

　　Энэ Оюун.　　　これはオユンです．

　　Оюун оюутан.　オユンは学生です．

　「オユン」さんも女性に一般的に見られる名前です．小文字のоюунは「知性，知恵」という意味です．

　Оюунの2番目の文字юは面白い形をしていますね．юはя［ヤ］やe［イェ］の仲間で，［ユ］です．Оюунは，y［オ］がありますが，［オユーン］と発音します．ただ，人名の場合，юуがすこし短めになって，「オユン」と聞こえます．「知性，知恵」は文字どおり［オユーン］です．

　「学生」を表すоюутанはоюунからつくられたことばです．［オユータン］と読みます．

## 【モンゴルの習慣】

ウランバートル市の街なかでちょっと買い物をしてみましょう.

Хонины мах авъя.　　羊の肉をください.
Сүү авъя.　　　　　　ミルクをください.

Хониныが「羊の」を, махが「肉」を表しています. Хониныの
最初のХоは［ホ］, ниは［ニ］ですね. 最後のныという部分はどう読
むのでしょうか. нとыの組み合わせです. ыはこれで1文字なのです.
読み方は［イー］です. 以上で, Хониныは「ホニニー」となります
が, 語のなかほどにあるиは弱い音になるので, 実際の発音は［ホンニー］
に近く聞こえます. махの方は［マハ］となります. 語の末尾のхは摩
擦音がとくに強く響きます. 上の文全体で［ホンニー　マハ　アワイ(ア
ウヤー)］となります.

次は「ミルク」のСүү です. Сの文字は「チンギス・ハーン」のと
ころででてきましたね. サ行の最初の音を表します. その後ろにはү
の文字が2つつづいています. у［オ］の文字と形が似ていますが, ү
は［ウ］の母音を表します. 日本語の「ウ」よりも唇の丸めを強くして
発音します. この2つの文字は別々の異なる母音を表しますので, はっ
きりと区別しなければなりません.

ү が2つ重なったүү は［ウー］という長い母音になります. Сүү を
［スー］と読むことはもうおわかりでしょう.

モンゴル語の文字の紹介も終わりが近づいてきました. 文字を確実に
覚えて, モンゴル語のしくみにのぞんでください. ことばを学ぶことは,
そのことばを話す民族の文化や習慣を深く理解するきっかけにもなりま
す.

Энэ монгол ёс.　　これはモンゴルの習慣です.

Энэ монгол хэл.　　これはモンゴル語です.

монголの最初の文字が小文字で書いてあるのは，間違えではありません．国の名は大文字で書き始めますが,「モンゴルの」「モンゴル人の」「モンゴル人」を表す場合はこのように小文字で書くきまりです.

ёсが「習慣, きまり」などの意味を表す語です．ёの文字は初めてでてきました．eの上に点が2つ並んでいます．この文字もя[ヤ], е[イェ], ю［ユ］の仲間です．この1文字で，ヤ行の最初の音＋o「オ」の音を表します．日本語の「オ」よりも口を大きく開けます．ёсの発音は［ヨス］となります．上の文は［エン　モンゴる　ヨス］となります.

хэлは「言語」という意味です．発音は［へる］となりますが，「へ」の部分は「ケ」と「へ」の音を同時に出すつもりで，そして「る」も摩擦音を強く出すとモンゴル語らしい響きになります.

これでモンゴル語の文字と発音の説明がひととおり終わりました.

## コラム

# 発音で注意すべき点

........................................................................................

　最近日本のテレビでも，モンゴル人がインタビューされている場面が放映されることがあります．それを耳にした私の知人が「モンゴル語って，アイウエオの母音がはっきり聞こえなくて，口のなかで子音だけをコチョコチョッと言っているように聞こえますね」との感想をもらしていました．

　たしかにそうです．これこそがモンゴル国の標準語の大きな特徴といえます．

　母音があいまいに発音されるか，話す速度によってはほとんど発音されないことがあるのです．それはa, э, o, ө の4つの母音です．語の最初の母音としてでてくる場合は明瞭に発音されるのですが，それ以外の位置では，あいまいか，発音されなくなるのです．よく使われる語の例を挙げてみましょう．

| | | | |
|---|---|---|---|
| унтсан ［オントスン］ 寝た | | идсэн ［イドゥスン］ 食べた | |
| очсон ［オチスン］ 行った | | зөвлөсөн ［ゾウるスン］ 助言した | |

　いずれも後ろの母音があいまいか，ほとんど発音されなくなります．もうひとつ発音上大切なことを紹介します．в, г, д の発音が次のようになることがあります．

| | | |
|---|---|---|
| дэвтэр ［デプテル］ ノート | нутаг ［ノトゥック］ 故郷 | |
| одоо ［オトー］ いま | | |

　このような場合，в が［プ］，г が［ク］，д が［ト］となることに注意してください．

........................................................................................

## コラム
# 早口ことば

............................................................................................

　たけやぶにだれたけたてかけた

　日本語には，こんな早口ことばがありますね．「た」と「だ」が合わ
せて 5 回もでてきます．モンゴル語にも ta の音がたくさん入っている
早口ことば（Түргэн хэллэг）があります．
　　　　　　　　 トゥルゲン　　 へれれグ

**Тал дээр тавин таван тарган тарвага.**
　タル　デール　タウィン　タワン　タルガン　タルワガ

　意味は「草原に，55 匹の太ったタルバガン」というものです．タル
バガンとは，草原にすむ小動物でリスの 1 種です．肉が美味なので，狩
りをして食用にします．
　早口ことばをもうひとつ．対句になっています．2 行目は，いま紹介
したタルバガン狩りと関係のある句です．

**Баллуураараа баллаарай.**
　バるろーラーラー　　バるらーラェ
**Даллуураараа даллаарай.**
　ダるろーラーラー　　ダるらーラェ

　日本語訳にすると「消しゴムで消しなさい．ダルロールでおびき寄せ
なさい」となります．ダルロールとは，タルバガンを獲る時に使う道具
です．地面の穴から顔をのぞかせているタルバガンをおびき寄せるため
に，はたきのように手に持って振ります．
　日本人にとって区別のむずかしい л と р がたくさん入っているので，
私たちの発音練習にもちょうどよさそうです．きくところによると，モ
ンゴル人でも，л と р の音がつづいてでてくると思わず л と р を取り
違えて言ってしまうのだそうです．なかなか大変ですね．

............................................................................................

## コラム

## 日本語とモンゴル語

・・・・・・・・・・・・・・・・・・・・・・・・・・・・・・・・・・・・・・・・・・・・・・・・・・・・・・・・・・・・・・・・・・・・・・・・・・・・・・・・・・・・・・・・・・・・・・・・・・・・・・・・・・・・・・・・・・・・・

　私たちもよく知っているスポーツ関係の外来語を読んでみましょう.

**олимп**

[オリムプ] と読めます.  これは「オリンピック」のことです.

**вольбол**

[ウォリボる] と読めます.  英語の volleyball に相当する語であることはおわかりでしょう.「バレーボール」のことです.  ところで,モンゴル語で「ボール」のことは**бол**と言いません.  競技名ではなくボールそのものを指す場合は,モンゴル語本来の語を用いて,**бөмбөг**と言います.  競技名のバレーボールのことを**гар бөмбөг**とも言います.  **гар**
<small>ガル</small>
は「手」のことです.

　では,「バスケットボール」はどう言うのでしょうか.  これはモンゴル語本来の語で表します.

**сагсан бөмбөг**　バスケットボール
<small>サグサン</small>

**сагсан**は「籠<small>かご</small>」のことです.  日本語でも古くは「籠球」という言い方をしていたようです.

　次は日本の伝統競技です.

**жүдо**　　　**сүмо**

「ジュド」「スモ」と読めますが,何のことでしょう.  そう,柔道と相撲です.  発音は慣用的に [ジュード] [スーモ] となります.

・・・・・・・・・・・・・・・・・・・・・・・・・・・・・・・・・・・・・・・・・・・・・・・・・・・・・・・・・・・・・・・・・・・・・・・・・・・・・・・・・・・・・・・・・・・・・・・・・・・・・・・・・・・・・・・・・・・・・

# 英語とモンゴル語

　日本語のなかには英語から入った外来語がたくさんあります．モンゴル語でもそれらと同じ語源のものが使われている場合があります．ほとんどはロシア語経由で入ってきたものですが，発音が日本語での発音とよく似ているので，私たちにも親しみがもてます．下に5つの語を挙げます．左側のモンゴル語と右側の日本語と，それぞれ対応するものを線で結んでください．

радио　　　　　　　・　　　　　　　・レストラン
ラディオ

телевиз　　　　　・　　　　　　　・コンピューター
テレウィズ

ресторан　　　　・　　　　　　　・テレビ
レストラン

компьютер　・　　　　　　　・タクシー
コンピュートル

такси　　　　　　　・　　　　　　　・ラジオ
タクスィ

　「テレビ」に対応するのはтелевизです．なお，モンゴル語には「テレビ」を表すもうひとつ別の語があります．こちらもよく用いられます．

зурагт
ゾラグト

　テレビという電化製品がモンゴルに入ってきた当初は「絵付きのラジオ」という意味のзурагт радиoが使われていたのですが，そのうちに「絵付きの」の部分だけで「テレビ」を表すようになったのです．なお，такси「タクシー」はモンゴル語での発音は［タクスィ］です．сиは「シ」ではなく［スィ］と読むことに注意してください．

# 2 書き方と語のしくみ

## 【大文字と小文字】

英語のアルファベットの活字体を思いおこしてみてください．大文字と小文字で形が同じものは，c，o，p，s，v，w，x，zと8組みだけです．形がちがうものは18組みもあります．K kやY yなどもそれぞれ異なるものとみなしています．

では，モンゴル語ではどうでしょうか．右ページのアルファベット表を見てください．大文字と小文字で形が同じものがなんと27組みもあるのです．ちがうのは4組みだけです．

そのほかに，й，ь，ы，ъの文字がありますが，これらは大文字で書くことはあまりありません．なお，щの文字はこれまででてきませんでしたが，ロシア人の名前などにしか用いません．また，Бの小文字は手書きでは右の表の形を書くのがふつうです．

ところで，大文字を使うのはどんな場合でしょうか．まず，文の先頭の文字は必ず大文字です．それから，人名や地名，組織名などの固有名詞の最初の文字も大きく書きます．このような点は英語と同じですね．

英語と異なる点は2点あります．「私」を表すбиという語は，文の最初ならБиと書きますが，文中ならば小文字のままです．もうひとつは，「モンゴル国」という場合，「モンゴル」の部分はМонголと大文字で始まる語を使いますが，「モンゴル語」「モンゴル人」「モンゴルの酒」などを表す場合，小文字で始まるмонголを用います．もちろん「日本」や「中国」など，他の国名や言語名でも同じです．

最後にモンゴル語の略語を紹介しておきます．

МУИСは「モンゴル国立大学」のことで，Монгол Улсын Их
　モイス
Сургуульの略称です．略語で「モイス」と呼ぶのがふつうです．
ソルゴーリ

| | | | |
|---|---|---|---|
| Аа アー | Бб ベー | Вв ウェー | Гг ゲー |
| Дд デー | Ее イェー | Ёё イョー | Жж ジェー | Зз ゼー |

Ии イー　　й ハガス・イー　　Кк カー　　Лл エる　　Мм エム　　Нн エヌ

Оо オー　　Өө オー　　Пп ペー　　Рр エル　　Сс エス　　Тт テー　　Уу オー　　Үү ウー

Фф フェー　　Хх ヘー　　Цц ツェー　　Чч チェー　　Шш イシ　　Щщ シシャー

ь ズーるニー・テムデグ　　ы イー　　ъ ハトーギン・テムデグ

Ээ エー　　Юю ユー　　Яя ヤー

## 【斜字体と筆記体】

　モンゴル語の文字は大文字と小文字で同じ形のものが多いので覚えやすいですね.

　でも，こんな書体もあります.

*ресторан*

　これは斜字体です. どの文字も斜めに傾いているだけのようにも見えますが，よく見ると，活字体とだいぶ形が違う文字があります. さて，これは何と書いてあるかわかりますか. これまでにすでに見てきた語です. 「レスモラン」？　真ん中のローマ字の m のような文字がカギです. これはモンゴル語のMではありません. 実はTなのです. ちなみにMの斜字体は *M*. まぎらわしいですね. これでресторан. 意味がわかりましたね. 「レストラン」です.

　次はどうでしょう. この2つもすでに見たことがある語です.

*такси*　　　　*телевиз*

　どちらも最初の文字はわかりますね. Tの斜字体です. そのほか，2つに共通する文字はどれですか. *u* ですね. でも，これまでローマ字のuに似た形の文字は見てきませんでした. この2つの語の意味は左が「タクシー」，右が「テレビ」です. となるとтаксиとтелевизになりますので，*u* はиの斜字体とわかります. あとは *в* の形が面白いですね. Bの斜字体のようですが，eの斜字体 *e* と似ていますね.

　こんな斜字体もあります.

*радио*　　　　*компьютер*

*u* と *m* はわかりますね．2つの語で初めての形は *∂* と *n* です．*∂* は д の斜字体です．よって，*радио* はрадио「ラジオ」．また，*n* は п の斜字体なのです．そうなると，*компьютер* はкомпьютер「コンピューター」．м と *m* がでてきます．

コンピュートル

これまで見てきた斜字体ですが，なんだか手書きの文字のようにも感じられます．

では，次に手書きの文字を見てみましょう．

斜字体ともだいぶ変わりますね．これは筆記体と呼ばれます．活字体で書くと，Төрсөн өдрийн баяр хүргэе．「お誕生日，おめでとう」です．最初の文字がTの筆記体なのですね．また，最後から3番目の文字，なんだか英語のsの文字の裏返しのように感じますが，これはгです．

モンゴル語の筆記体は，想像力をたくましくして読み解いていってください．

## 【長い語と短い語】

　ここではモンゴル語の語のしくみを見ていきましょう. たとえば, 日本語の「洗濯」という語は,「洗濯機」や「洗濯屋」など, 後ろに「しっぽ」をつけることがありますが, モンゴル語ではどうでしょうか.

амь　命, 生命
<small>アミ</small>

この語をもとに次を見てください.

амьд　生きている
<small>アミド</small>

どこが変わりましたか. そう, 最後に1文字増えただけで役割が変わりますね.

次はどうでしょうか.

амьтан　　生き物, 動物
<small>アミタン</small>
амьдар　　生きる, 暮らす
<small>アミダル</small>
амьдрал　　生活, 現実, 人生
<small>アミドラる</small>
амьсгаа　　呼吸, 息
<small>アミスガー</small>

「命」の後ろに3, 4文字増えています. 意味もすこしずつ変化しています.

　モンゴル語でもこのように「しっぽ」をつけて, 意味に変化をもたらすことができます. でもこんなふうに「しっぽ」をつけると, 語が長くなります. 辞書の見出しとして載っている語で最も長い語が次です.

төлөвлөгөөжүүлэлт　　計画化
<small>トろウろゴージューれるト</small>

　もともとの語はтөлөв「かたち」です. これに「しっぽ」がついて,
<small>トろウ</small>

上のような長い語になったのです.

　逆に，モンゴル語で短いことばは何でしょうか．残念ながら1文字の
みで現れる語はありません．もう1文字足した2文字語はたくさんでて
きます.

та
ター
би
ビー

意味は上が「あなた」，下が「私」.よくでてくるわけです.
同じ文字がつづく2文字語もあります.

оо　歯みがき粉
オー
өө　きず
オー

　モンゴル語の語のしくみがわかりましたか．そういえば,「語」を表
すモンゴル語をまだ紹介していませんでした.

үг　語, 単語
ウグ

これも2文字でできていますね.

## 【モンゴル人の名前】

　モンゴル人がだれかを名前で呼ぶときは，その人の姓と名のうち，かならず名の方で呼びます．公式的な改まった場面などでは両方を言うこともありますが，姓の方だけを言うことは絶対にありません．

　なぜでしょう．姓の方だけ言うと，その人のお父さんの名前を呼ぶことになるからです．つまり，現代のモンゴルには，先祖代々伝わってきたいわゆる姓＝苗字というものがないのです．

　上の説明で便宜的に姓としたのは，実は父親の名前だったのです．公式的な文書などの名前の欄には「父親の名前＋本人の名前」という形で記入されます．

　では，モンゴル人の典型的な名前を紹介しておきましょう．

| Баатар | Саран | Гэрэл |
|---|---|---|
| バータル | サラン | ゲレる |

　左は男性の名前，真ん中は女性の名前，そして1番右側は男女兼用の名前です．それぞれ「英雄」「月」「光」という意味をもっています．そのほかには，こんな名前があります．左から男性，女性，男女兼用の名前の順で並べます．また，横に意味も添えます．

| Төмөр | 鉄 | Оюун | 知恵 | Мөнх | 永遠の |
|---|---|---|---|---|---|
| トモル | | オユ(ー)ン | | モンヘ | |
| Бат | 頑丈な | Цэцэг | 花 | Энх | 平穏な |
| バト | | ツェツェグ | | エンヘ | |
| Дорж | （金剛石） | Долгор | （女神） | Сүрэн | （守護神） |
| ドルジ | | ドるゴル | | スレン | |

　1番下の名前だけがカッコに入っています．これにはわけがあります．これらの名前はチベット語起源の名前で，モンゴルでは人名以外には使わない語です．そのため，モンゴル人でも意味を知らないまま使っていることも多いようです．

　モンゴル人の名前はこれまで見てきた1語のものだけでなく，2つの語を組み合わせたものもあります．次はモンゴル国の近代文学の創始者と言われる有名な作家の名前です．

## Дашдоржийн Нацагдорж
ダシドルジーン　　　ナツァグドルジ

　ナツァグドルジ（1906-1937）さんです．学校の国語の教科書には，どの学年のものにも，この作家の詩や短編の作品が載っています．本人の名前は右側ですね．НацагとДоржが合わさった名前です．Нацагもチベット語に由来する名前で「多種多様」というのがもとの意味のようです．ナツァクドルジさんのお父さんの名前もわかりますか．ダシドルジさんです．Дашдоржの最後にийнをつけて，「ダシドルジのナツァクドルジ」というふうに表すのです．このДашもチベット語起源で「幸福」を表すそうです．

　さて，こんな名前もあります．男性か女性かわかりますか．

## Батцэцэг

　2つの語を組み合わせた名前ですね．Батは男性の名前でしたので，男性？　残念ですが，цэцэг「花」を含む名前はかならず女性になるのです．では，次の名前はどうでしょうか．

## Оюунбат

　またБатがでてきました．でも，前の語は女性名のОюун．ということは女性名でしょうか．実は，Оюунбатは男性の名前なのです．人の名前はむずかしいですね．

## 【呼びかけと愛称】

　モンゴル人と知り合いになり，親しみを込めてその人の名前を呼びたいときはどうすればよいのでしょう．

　日本語のような「～さん」や「～くん」「～ちゃん」に相当するものがあればよいのですが，どうもなさそうです．では，どう言うのでしょうか．

Дорж ах аа!　　ドルジさん！
ドルジ　アハー

Оюун эгч ээ!　オユンさん！
オユン　　エグチェー

　自分より年上ならах「お兄さん」，эгч「お姉さん」という語を名前の後ろに添えて最後に「呼びかけ」を表すааやээなどのしっぽをくっつけます．

　では，友人同士や，年上の人が年下の人を親しみを込めて呼ぶときはどうでしょうか．

Бат аа!
バター

Цэцэг ээ!
ツェツゲー

　このように名前に直接，「呼びかけ」を表すことばを添えます．

　では，2つの語が合わさった長い名前の時はどうなるでしょうか．БатとЦэцэгが合わさったБатцэцэгさんに親しみを込めて呼びかけてみましょう．

Баагий!
バーギー

　だいぶ形が変わりますね．ところでБатцэцэгさんは女性の名前でしたね．もうすこし例を見てみましょう．

Мөнхцэцэг　→　Мөөгий
モンヘツェツェク　　モーギー

Батцэцэгさんとの共通点はわかりますか. 最初の母音を伸ばして,
その後にгийがついています.

そのほか, こんな形もあります.

Оюунцэцэг　→　Оюунаа
オユンツェツェク　　オユナー
Доржсүрэн　→　Доржоо
ドルジスレン　　ドルジョー

最後にもうひとつ. 愛称のつくり方をご紹介します. 親しみを込めた
呼びかけに用いられます. モンゴルでよく耳にします.

Оюун　　　　→　Оюунка
　　　　　　　　　　オユンカ
Батчулуун　→　Бачка
バトチョルーン　　バチカ
Дашдаваа　→　Дашка
ダシダワー　　ダシカ
Үнэнбат　　→　Үнэнка
ウネンバト　　ウネンカ

末尾にкаをつける言い方です. ところで, кの音は, 現代モンゴル語
では, ロシア語などから入ってきた外来語にしか使いません. そうです.
この親しみを込めた呼びかけ方は, ロシア語の方式にならったものだそ
うです. モンゴル人たちにとってはちょっとハイカラな感じがするよう
です.

**コラム**

## 辞書で遊ぼう

........................................................................................

　外国語の勉強には辞書が必要になります．語の意味や用法を調べるときだけでなく，つれづれなるままにいろいろな角度から辞書を読んだり眺めたりすると，面白いことが発見できるものです．

　さて，モンゴル語に関するクイズをひとつ．アルファベットのどの文字で始まる語が一番多いでしょう？

　『現代モンゴル語辞典』（大学書林）でアルファベットごとのページ数を調べてみました．厳密な語数ではないものの，大まかなことがわかります．この辞書のモンゴル語—日本語の部分は全部で 696 ページです．

　第 1 位は x のページで，ちょうど 100 ページでした．第 2 位は т で 61 ページ，第 3 位は б で 56 ページでした．

　x が断然，他を引き離しています．そういえば，チンギス・ハーンの хаан もここに入ります．それに，モンゴル語で「いつ，どこで，だれが」などを表す語は，x で始まるものが多いのです．

хэзээ　いつ　　хаана　どこで　　хэн　だれが　　хэд　いくつ
　ヘゼー　　　　　　ハーン　　　　　　ヘン　　　　　　ヘド

　т や б で始まる語で覚えておきたいのは，та「あなた」と би「私」．
では，辞書の見出し語で少ないのはどの文字で始まる語でしょうか．

　答えは p です．p のページは正味 1 ページ，ほぼすべてが радио「ラジオ」などの外来語です．外来語専用の к と ф ももちろん少なく，それぞれ 3 ページと 1 ページです．

........................................................................................

**コラム**

## こんな文字もある

................................................................................

　とつぜん見慣れない縦書きの文字が現れました．これこそがチンギ
ス・ハーンの時代から伝わってきたモンゴルの民族文字です．これまで
に登場した語を5つほど選んで，この縦書き文字で書いてみました．左
から，тэр「あれ」，гэр「ゲル」，энэ「これ」，монгол「モンゴル」，
Чингис хаан「チンギス・ハーン」です．

　ローマ字やキリル文字と同じく，子音を表す字と母音を表す字を組み
合わせて語をつづります．活字体でも筆記体でも，1つの語は原則とし
て，一筆書きのようにつづけて書きます．ユニークなのは書く方向です．
かならず縦書きにします．日本語の文のように縦にも横にも書けるわけ
ではありません．それから，行は左側から右側へと進んでいきます．こ
のページではそれぞれの語を左から右に配置してありますが，ふつうの
文を書くときは上から下へどんどん語を並べていきます．

　モンゴル国では，1940年代に公用文字がキリル文字に切り替えられ
るまで使われていました．中国の内モンゴル自治区やその周辺に住んで
いるモンゴル民族は現在でも，このモンゴル文字を使用しています．内
モンゴルでは，この民族文字による書道も盛んです．

................................................................................

## 単位の話

. . . . . . . . . . . . . . . . . . . . . . . . . . . . . . . . . . . . . . . . . . . . . . . . . . . . . . . . . . . . . . . .

　モンゴル国の首都ウランバートルは，海抜 1450m の高原に位置する大都市です．面積は 156,5 万 km² です．モンゴル語ではそれぞれこう表します．

1450 м 　　　 1565000 км²

　同じ m や km ですが，キリル文字の小文字はこうなりました．ちなみに，モンゴルでは 156,5 万を「1565 千」と表記しますので，面積の方は次のようにも書かれます．

1565 мянган км²
<small>ミャンガン</small>

мянганが「千」です．

また，重さの単位はモンゴル語ではこうなります．

100 г　100 g 　　　 1 кг　1 kg

表記はロシア語と同じになります．

　さて，外で食事をしたり買い物をしたりするときに必要になる単位は，お金の単位です．モンゴルの通貨単位はтөгрөг「トゥグリグ」です．
<small>トグロク</small>

үнэ: 1500 төг
<small>ウン</small>

　新聞などの商品の広告では，このように略して表記してあります．үнэは「値段」の意味です．

. . . . . . . . . . . . . . . . . . . . . . . . . . . . . . . . . . . . . . . . . . . . . . . . . . . . . . . . . . . . . . . .

## コラム

# あいさつ

........................................................................................

　ここでは基本的なモンゴル語のあいさつを見ていきましょう.

**Сайн байна уу?**　こんにちは.
サェン　　　バェノー

　文字どおりには「元気ですか」という意味ですが, 朝, 昼, 晩のいつ
でも使える便利な表現です. こう言われたらСайн.と一番最初の語だ
け言えばいいのですね. これで「元気です」となります. では, 感謝の
気持ちを伝えたいときはこんなふうに言います.

**Баярлалаа.**　ありがとう.
バイラるらー

　発音がちょっとむずかしいです. [バイラるらー] となります.
　逆に, お詫びの気持ちを伝えたいときはこんなふうに言います.

**Уучлаарай.**　ごめんなさい.
オーチらーラェ

　謝るときの表現ですが, 見知らぬ人に「すみません」と話しかけると
きにも使えます. では, 上の2つの文への返答です.

**Зүгээр зүгээр.**
ズゲール　ズゲール

　「ありがとう」に対してなら「どういたしまして」,「ごめんなさい」
に対しては「かまいません」の意味になります. Зүгээр.と1回だけ言っ
てもいいのですが, 上のように2回繰り返すほうが柔らかい言い方にな
ります. 最後にお別れのときの挨拶です.

**Баяртай.**　さようなら.
バヤルタェ

........................................................................................

# 3 文のしくみ

## 【これはおいしいですね】

　日本語を母語とする人がモンゴル語を学ぶときの有利な点は，語順です．語順がよく似ているので，日本語と同じ感覚で語を並べていけば，モンゴル語の文ができあがります．もっとも，どんな文脈でどの語を選んで並べればよいかを的確に判断するのは，そんなにたやすいことではありませんが….　でも，あまりむずかしいことは考えずに，モンゴル料理に舌鼓でも打ちながら簡単なモンゴル語の文を作ってみましょう．

　Энэ амттай байна.　これはおいしいですね.
　　エン　アムトゥタェ　　バェン

　энэはすでに何度か見た語ですね．「これは」を表します．амттайが「おいしい」にあたります．そうなると，байнаが「～ですね」を意味することがわかります．байнаは［バェン］という発音になります．ところで，このбайнаは基本的には「～がいる」「～がある」という日本語に相当するものです．

　Дорж байна.　　ドルジがいます.
　　ドルジ
　Кофе байна.　　コーヒーがあります.
　　コーフェ

　なお，「おいしい」はсайханという語でも表せます．「おいしい～」と，
　　　　　　　　　　　　　　　サェハン
後ろに料理名などがくる場合にはこの語をよく使います．

　Энэ сайхан бууз байна.　これはおいしいボーズですね.
　　　　　　　　　ボーズ

　сайханは用法が広く，とても便利な語です．景色などを眺めて「きれいだ，美しい」と言う場合にも，音楽などを聴いて「すてきだ」などと言う場合にも使えます．さらに，「(天気が) よい」や「(雰囲気が) 楽しい，快適だ」といった意味にもなります．

　友人たちとのパーティーなどで愉快に過ごしているときは，次のように言います.

　　Өнөөдөр сайхан байна.　今日は楽しいね.
　　　オノードゥル

өнөөдөрが「今日」です.

　気温についての表現も同じ型の文になります.「寒い」はхүйтэн,「暑い」はхалуунです.
　　　　　　　　　　　　　　　　　　　　　　　　　　フイトゥン
　　　　　　　　　　　　　　ハローン

　　Өнөөдөр хүйтэн байна.　今日は寒いですね.
　　Өнөөдөр халуун байна.　今日は暑いですね.

　文の最後にあるбайнаは，話し手が現時点においてその状況や事実を確認していることを示します. では，「寒い」や「暑い」などを強調するにはどうすればよいでしょうか.

　　Өнөөдөр их хүйтэн байна.　今日はとても寒いですね.
　　　　　　イヘ
　　Өнөөдөр их халуун байна.　今日はすごく暑いですね.

　変わったのは,ихの有無だけですね. ихが「とても,すごく」の意味で,後ろの「寒い」や「暑い」の語を強めています.
　　байнаのほか，「～でしょう」など，話し手の推量の気持ちを表す語は文の終わりにきます. 日本語と同じ語順です. тийм「そう」という語を使って言ってみましょう.
　　　　　　　　　　　　　　　　　　　　　　　　ティーム

　　Тийм байна.　そうですね.　　　　Тийм байх.　そうでしょう.
　　　　　　　　　　　　　　　　　　　　　　　　バェハ

байхが「～でしょう」にあたる語ですね.

## 【否定したいこともある】

　モンゴル人の顔つきは，私たちとよく似ています．親近感を覚えるの
は語順だけではありませんね．モンゴルの街角で日本人かなと思って話
しかけたら，

　　Би япон хүн биш.　私は日本人ではありません.
　　<sub>ビー　ヤポン　フン　ビシ</sub>

と否定されるかもしれません．биが「私」，япон хүнが「日本人」の
ことです．японはЯпонと大文字で始めると「日本」という意味にな
るのでした.

　ときには私たちがモンゴル人に間違われることもあります．そんなと
きはこう言います.

　　Би монгол хүн биш.　私はモンゴル人ではありません.
　　<sub>モンゴる</sub>

　このように「～でない」を表すには，「～」の後にбишを置けばよい
のです．「～」の部分はいろいろな語を入れることができます.

　　Энэ би биш.　これは私ではない.
　　<sub>エン</sub>

　集合写真を見ながら，「これはあなたですか」と聞かれたら，こう答
えることもあるでしょう．бишはこれだけを単独で使うこともできま
す．たとえば「モンゴル人ですか」と聞かれたときに,

　　Биш.　違います.

と1語で答えてもよいのです．すこし強調したいときはこうなります.

　　Биш ээ!　違いますよ.
　　<sub>ビシェー</sub>

ээは強調のことばです．Бишとつなげて発音するので［ビシェー］
となります．

前にでてきた「(今日は) 寒いですね」を否定してみましょう．

Хүйтэн биш байна．　寒くないですね.
<sub>フイトゥン</sub>　　　<sub>バェン</sub>

次のように言うと「あまり〜でない」の意味になります．

Нэг их хүйтэн биш байна．　あまり寒くないですね.
<sub>ネグ</sub>　<sub>イヘ</sub>

нэгは数字の「1」です．их「とても」と合わせた慣用表現です．
モンゴル語の発音練習をしているときに次のように言われればしめた
ものです．

Сайн байна．　いいですね.
<sub>サェン</sub>

сайнは「よい」という意味です．前にでてきたсайхан「おいしい，
美しい」はсайнからできたことばです.　　　<sub>サェハン</sub>

Нэг их сайн биш байна．　あまりよくないですね.

こんなふうに言われたら，いますこしの努力が必要になります．学習
が進んだときには次のように言えるようにしたいものです．

Нэг их хэцүү биш байна．　あまりむずかしくないですね.
<sub>ヘツー</sub>

хэцүү が「むずかしい」です．ちなみに「やさしい」はамарханです.
　　　　　　　　　　　　　　　　　　　　　　　　　　<sub>アマルハン</sub>

## 【確認してみよう】

モンゴル語で電話をかけるとき「もしもし」にあたる言い方は次のようになります.

Байна уу?　もしもし.
　ﾊﾞｪﾉｰ

文字どおりには「いますか？」という問いかけです. байнаは前にでてきましたが,「ある」「いる」という意味です. ууが「〜か？」にあたります. 発音は［バェン］と［オー］をくっつけて［バェノー］となります.

「いますか？」というのは, だれかほかの人を呼び出してもらうための表現ではありません. 話し相手に対して「あなたはいま, 電話口にいますか？」と聞いているのです.

受話器の向こうからこのように言われたら, Байна.「います」→「はい」と答えます.

Байна уу? は疑問文です. このように疑問文は, 文の末尾に「〜か？」を表すууをつけて作ります.

Бууз байна уу?　　ボーズはありますか.
　ﾎﾞｰｽﾞ

Баатар байна уу?　バータルさんはいらっしゃいますか.
　ﾊﾞｰﾀﾙ

Энэ Дорж уу?　　これはドルジさんですか.
　ｴﾝ　ﾄﾞﾙｼﾞｮｰ

目の前の人に尋ねてみましょう.

Та оюутан уу?　あなたは学生ですか.
　ﾀｰ　ｵﾕｰﾀﾉｰ

Та Дорж уу?　　あなたはドルジさんですか.
　ﾀｰ

таが「あなた」, оюутанが「学生」です.
　　　　　　　　　ｵﾕｰﾀﾝ

気温のことを聞く場合も同じです.

Гадаа хүйтэн байна уу?　外は寒いですか.
ガター　フイトゥン

гадааが「外は」を表します.

文の末尾が次のような形になるときがあります.

Та оюутан юм уу?　あなたは学生なのですか.
ユモー

Энэ Дорж юм уу?　これがドルジさんなんですか.

「〜か？」を表すууの前にюмが置かれています. これは日本語の「〜な
のですか」「〜なんですか」と言うときの「なの」や「なん」に相当す
るものです. 相手の言ったことを受けて, もう一度確認したいときにこ
の表現を使います.

　ところで, 「こんにちは」にあたるあいさつ表現は覚えていますか.

Сайн байна уу?
サェン

　これも疑問文の形をしていますね. 「あなたのご機嫌はよろしいです
か」を意味しています.

## 【いろいろ質問してみよう】

前のページの疑問文には「いつ，どこで，だれが」などのことばはでてきませんでした．前にхэзээ「いつ」，хаана「どこで」，хэн「だれが」，хэд「いくつ」の語を見たのを覚えていますか．

Дорж хаана байна вэ？　ドルジさんはどこにいますか．
ドルジ　　　　　　　　バェン　ウェー

хаанаは日本語の語順と同じく，「ドルジさんは」の後ろに置きます．英語などでは，このような語はいつも文頭に置いていましたが，モンゴル語は日本語と同じ発想です．

さて，文の末尾に注目してください．日本語の「～か？」に対して，ууではなくвэが使われています．これが日本語と異なる点です．「どこに」などのことばがあるかどうかによって「～か？」の表現が変化するのです．「どこに」などのことばがある場合，「～か？」はвэになります．つづりをそのまま読むと「ウェ」ですが，実際の発音は［ウェー］となります．上の問いに対する答えは，たとえばこんなふうになるでしょう．

Энд байна．　ここにいます．
エンド
Тэнд байна．　あそこにいます．
テンド

эндが「ここに」，тэндが「あそこに」を表します．次の疑問文はよく使われるものです．

Энэ юу вэ？　これは何ですか．
エン　ユー
Тэр юу вэ？　あれ，何．
テル

юуが「何」にあたり，［ユー］という発音になります．電話で話すときの「もしもし」をモンゴル語でどう言うか前に紹介しましたが，相手

がだれかを確かめたいときはこんな言い方になります.

**Хэн бэ?** どなたですか.
ベー

хэнが「だれが」を表す語です. ところで,「～か?」にあたる語が
またちょっと違いますね. これは直前の語がнで終わる場合は, вэで
はなく, бэとなります. 発音は［ベー］です. ちなみに, モンゴル語
では電話をかけた方がこのように言うことがあります.

**Дорж байна.** ドルジです.
**Би байна.** 私です.
ビー

ここにも**байна**がでてきました. 本当によく使われるのですね.

初対面の人に名前をたずねるとき, 日本語では「お名前は何とおっしゃ
いますか」などと言いますね. でも, モンゴル語では, юу「何」を使
うと間違いになります. 人の名前を聞くときにはかならずхэн「だれ」
を用いなければなりません.

**Нэр хэн бэ?** 名前は何ですか.
ネル

нэрが「名前」を表す語です. ただし, ここに示した表現は, 一般的
には使いづらいものです. 大人が小さな子どもにたずねるときや, ある
いは第三者のことを話題にしているなら使用可能です. ふつうは次のよ
うな言い方になります.

**Таны нэр хэн бэ?** あなたのお名前は何ですか.
タニー

нэрの前の**таны**は「あなたの」を表す語です.

## 【文を長くしてみよう】

これまで比較的短い形の文を見てきました．ここでは，「～と～」や「～か～」，あるいは「～ではなく～」などの表現を使って，すこしだけ長い文を作ってみましょう．

まず，「ここにバータル君とオユンさんがいます」という意味の文です．「ここに」はэнд，「います」はбайнаでしたね．

Энд Баатар Оюун хоёр байна.
エンド バータル オユン ホヨル

人名が2つ並んでいますね．そしてその後ろにхоёрという語があります．これは何でしょうか．「バータル君とオユンさん」と言っているはずなのに，「と」にあたるものが見あたらず，そのかわりに2人の名前の後ろに....

種明かしをすると，хоёрは数字の「2」です．話しことばでは「AとB」を表すときに "A B хоёр" という形で表します．では，3人いる場合はどうなるのでしょうか．

Тэнд Дорж Гэрэл Бат гурав байна.
テンド ドルジ ゲレル バト ゴロウ
あそこにドルジとゲレルとバトがいます．

тэндが「あそこ」です．「ドルジ」「ゲレル」「バト」を表すモンゴル語の後ろに注目してください．гуравという語があります．これは「3」を表すのです．発音は［ゴロウ］．2人のときはхоёр，3人のときはгурав．人数が増えれば，この数字が大きくなるのかといえば，そうでもなく，最大дөрөв「4」までです．それ以上は「～など」を表すзэрэгや「～たち」を表すнарを最後に添えます．なお，зэрэгは人と物の両方に使えますが，нарは人の場合にのみ用います．

次に「〜か〜」はどう言うのでしょうか．話しことばではюмууを
つなぎのことばとして，2つの語の間にはさんで使います．

**Тэнд Бат юмуу Саран байна уу?**
あそこにバト君かサランさんはいますか．

юмууはюм ууのように2つに離して書くこともあります．ところ
で，このюм ууはどこかで見かけましたね．前にこんな表現がありま
した．

**Та оюутан юм уу?**　あなたは学生なのですか．
**Энэ Дорж юм уу?**　これがドルジさんなんですか．

このюмуу（юм уу）が慣用的に「〜か〜」を表すつなぎのことば
として使われるのです．
最後に「〜ではなく〜」ですが，これは簡単です．

**Энэ Дорж биш Баатар.**　これはドルジではなく，バータルです．

「〜ではない」を表すбишを2つの語の間に置くだけです．
人の名前だけでなく，こんなふうにも使えます．

**Нэг их хэцүү биш амархан байна.**
あまりむずかしくはなく，やさしいですね．

хэцүү が「むずかしい」，амарханが「やさしい」でした．ихはそ
れらを強調する語ですが，нэг ихという結びつきになると「あまり（〜で
はない）」という意味を表します．
これがこの本の感想だといいのですが．

## コラム
## 基本的な文法用語について

.................................................................

　このシリーズは極力，文法用語を使わないでモンゴル語のあらましを伝えていくことを基本的なコンセプトにしていますが，使わないと逆にわかりにくい説明になってしまうものもありますので，どうしても用いなければならないことばをここで触れていきます．

　名詞や形容詞，動詞など，語の種類を表す用語があります．

　まずは名詞ですが，「本」や「車」「肉」などの形のあるものの名前，そして「味」や「好み」，「勇気」などの形のないものも名詞です．そのほか，「モンゴル」や「チンギス・ハーン」などの個別の名前も名詞に分類されます．

　この名詞の中で，「彼」や「彼女」「あなた」など，そして「これ」「あれ」などは代名詞と呼びます．

　それから動詞というものもあります．「休む」や「寝る」，「買う」や「食べる」などのほかに，「〜になる」や「〜である」にあたることばも動詞と呼ばれます．

　次に形容詞ですが，「大きい」や「赤い」などの名詞の説明をするものですが，「忙しい」や「暇な」という状況を表す場合もあります．

　「ゆっくり休む」や「たくさん食べる」など，名詞ではなく，動詞の説明をする「ゆっくり」や「たくさん」は副詞と呼ばれます．

　語の種類を表すことばは他にもありますが，ここに挙げたもの以外は，必要とあれば，説明しながらこの本では使っていきます．

　また，文の種類ですが，「〜は〜です」「〜ですね」などは平叙文と呼

.................................................................

ばれます．そして，「～は～ではない」「～ではないですね」など，「そうではない」ということを伝える文は否定文，また「～は～ですか」「～ではないですか」などの相手に問いかける文は疑問文と言います．相手に問いかけるのではなく，促したり，依頼したり，お願いしたりする文を命令文と呼んだりします．

　最後に文のなかでの役割ですが，「～は」や「～が」で示されるものをその文の主語と言います．また，その文で「～を」で示されるものを目的語と言います．

## コラム

# モンゴル語の3大特徴

.................................................................................

　ここまでモンゴル語のしくみをご覧になってきていかがですか．まだまだ文字に慣れないという方もいらっしゃるとは思いますが，この本ではできるかぎり同じ語を用いて「しくみ」を説明していきますので，だんだんそれらの文字と顔見知りになってきますので，ご心配なく．

　次の第二部からは，ここまで見てきたことをもとに，モンゴル語の特徴を大きく3つに分けて探っていきます．第二部に入る前に，モンゴル語の特徴を大まかにつかんでください．

### 1　人と時間のしくみ

　日本語では「太郎が行く」や「敬子が行く」も，あなたや私が行っても「行く」の形は変わりませんね．英語などでは3単現のsなどというものがありましたが，モンゴル語ではどうでしょうか．また，同じ「行く」でも，これから行くのか，いま行きつつあるのか，もう行って帰ってきたのかによって，日本語では「行く」の形が変化しますが，モンゴル語ではその違いをどのように表すのでしょうか．

### 2　区別のしくみ

　「この本」「その本」「あの本」と日本語では本がある場所によって3つに分け，それを最初の「こそあ」で区別しますが，モンゴル語では個性的な区別の仕方もあるようです．どんな区別でしょうか．また，「本の歴史」と「歴史の本」は日本語では同じ「の」ですが，モンゴル語では「の」を表す形が変わります．どういうことでしょうか．ここでは，これらのさまざまな区別の仕方を見ていきます．

.................................................................................

........................................................................................................................

### 3 「てにをは」のしくみ

　日本語では，主語や目的語など，文の中での役割は「てにをは」で表されます．モンゴル語では「チンギス・ハーンは」「チンギス・ハーンを」「チンギス・ハーンに」などの文中での役割をどのように表すのでしょうか.

　そのほか,「ウランバートルから」「ウランバートルまで」「ウランバートルに」などの出発地や目的地，そして場所を表す言い方をここで見ていきます.

　以上のような３つの大きな特徴をもとに，モンゴル語の「しくみ」を第二部で説明していきます.

　この本を読み終わる頃にはきっと，もっとモンゴル語に触れてみたくなると信じています．日本語と似ていたり，だいぶ違っていたりと，さまざまな発見があることと思います.その共通点や違いを楽しみながら，面白がりながら，読み進めていってください.

........................................................................................................................

# 1 人と時間のしくみ

## 【動詞のしくみ】

さて，ここからはモンゴル語がどのようなしくみでできているかをさらに詳しく見ていきましょう．

まずは，モンゴル語の動詞を見てみましょう．辞書を引くと，こんな動詞が載っています．

| | | | | | | | |
|---|---|---|---|---|---|---|---|
| идэх<br>イドゥヘ | 食べる | ирэх<br>イルヘ | 来る | уух<br>オーハ | 飲む | амрах<br>アムラハ | 休む |
| очих<br>オチホ | 行く | явах<br>ヤワハ | 出かける | унтах<br>オンタハ | 寝る | суух<br>ソーハ | 座る |
| өгөх<br>オグホ | あげる | инээх<br>イネーヘ | 笑う | | | | |

共通点はわかりますか．そう，どれもxで終わっていますね．ふつうの辞書には，このような形で動詞がでています．

でも，この形で現れるだけではありません．たとえば，日本語の「飲む」が「飲む」という形だけでなく，「飲みます」「飲まない」「飲もう」など，さまざまな形で現れるのと同じく，モンゴル語でもx以外のいろんな形に変わることができます．

とはいえ，せっかくこの形と顔なじみになれたのですから，xで終わる形がどんなときに使われるかを見てみましょう．

**Би явах санаатай.**   私は出かけるつもりです．
ビー　　サナータェ

биが「私」で，явахが「出かける」ですね．その後ろにあるсанаатайは，xで終わる動詞とともに使うと「～するつもりだ」という意味を表します．

この前の語をいろいろと入れ替えるだけで，さまざまな「つもり」を伝えることができます．

Би идэх санаатай.　私は食べるつもりです.

идэхが「食べる」ですね. この語以外は前の文とまったく変わっていません.

「食べる」以外はどうでしょう.

Би унтах санаатай.　私は寝るつもりです.

今度はунтах「寝る」に入れ替わっています.

食べて寝て, だいぶ元気がでました. そろそろ別なことをしましょうか. だれです, またゆっくりしようとしているのは.

Би суух санаатай.　私は座るつもりです.

суухが「座る」です.

動詞はいずれもxで終わる形です. 何かをするつもりになったら, この部分を入れ替えて言ってください.

## 【これからのことを伝えたい】

　モンゴル語の動詞は辞書では x で終わっていることを見てきましたが, それ以外の形はどんなふうに現れるのでしょうか. ここでは,「～するつもりだ」ではなく,「～します」と手短に伝えてみましょう.

　　**Би сууна.**　私は座ります.
　　　ビー　　ソーナ

「座る」の x で終わる形は cyyx でした. ちょっと違いますね. どこが違うかを確かめる前に, 別の文を見てみましょう.

　　**Би унтана.**　私は寝ます.
　　　　オンタン

「寝る」は унтах という形でした. こちらも形がすこし変化していますね.「座る」も「寝る」も最後の x が на に変わっています.「～する」「～します」と言い切るときには, x の形は使えないのです. なお, на がつくときに前のつづりが変わる動詞もあります.

　　**Би амарна.**　私は休みます.
　　　アマルン

「休む」は амрах という形でした. x が на に変わると, амра の部分が амар となります.
　アムラハ

　ところで,「私」ではなく,「ドルジ」だったらどうでしょう.

　　**Дорж амарна.**　ドルジは休みます.
　　　ドルジ

би の部分が Дорж に変わっただけで, 動詞の形は同じですね. モンゴル語では, だれの話でも動詞の形は変わりません.

　　**Дорж явна.**　ドルジは出かけます.
　　　ヤウン

「出かける」のxで終わる形はявахです．このようにxの前の母音も
含めてнаに変わることもあります．でも，モンゴル語の動詞にはнаが
つくものばかりではありません．

Дорж очно．　ドルジは行きます．
オチン

Дорж ирнэ．　ドルジは来ます．
イルン

Дорж өгнө．　ドルジはあげます．
オグン

「行く」「来る」「あげる」のxで終わる形はそれぞれ，очих「行く」，
オチホ
ирэх「来る」，өгөх「あげる」です．xだけでなく，その前の母音も外
イルヘ　　　　オグホ
れています．でも，それだけではありません．нの後ろの母音がaでは
ありませんね．これはどういうことなのでしょうか．

モンゴル語には母音のグループ分けがあるのです．どういうことかと
言うと，それぞれの語は原則として，同じ仲間の母音だけでつくられて
いるのです．

оやёを含む語にはно，эや ү やиを含む語はнэ，そして θ を含む語
はнөになることが多いです．それ以外の母音字を含む時にはнаがつく
と考えてください．この母音のグループ分けはむずかしいですね．でも，
だんだんと慣れていきますので，ご安心ください．

さて，このнаやно／нэ／нө の部分をしっぽと呼びます．このしっぽ
の部分を外したものが動詞の本体です．動詞はこのように，本体としっ
ぽでできているのです．なお，動詞の本体にнаやно／нэ／нө がつくと，
これからのことを表します．

## 【聞きたいときも母音が決め手】

第一部でこんな文を見たのを覚えていますか.

Дорж байна.　ドルジがいます.
ドルジ　　バェン

Кофе байна.　コーヒーがあります.
コーフェ

このбайнаが「いる，ある」を表しています. では，この動詞は辞書ではどのような形で載っているのでしょうか. 最後のнаの部分に注目です.

### байх
バェハ

この動詞は，最後のxをнаに変えるだけで「ある」「いる」と言い切る形になります. このбайнаはこれからのことではなく，いままさにいる，あることを表します.

では，いるかどうか，あるかどうかを尋ねる文にしてみましょう.

Дорж байна уу?　ドルジさんはいらっしゃいますか.
バェノー

Кофе байна уу?　コーヒーはありますか.

疑問文にするには最後にууをつけて，ピリオドをクエスチョンマークに変えればいいのでしたね. 前のページで見た文もあなたに対する疑問の形にしてみましょう. таが「あなた」です.
ター

Та унтах уу?　あなたは寝ますか.
オンタホー

Та очих уу?　あなたは行きますか.
オチホー

байнаの場合を除いて，疑問文の場合，動詞はxで終わる形になります. そして，aやoやyを含む語はこのようにууとなりますが，次の文

はすこし変わります.

Та ирэх үү?　あなたは来ますか.
イルホー

Та өгөх үү?　あなたはあげますか.
オグホー

aやoやy以外の母音を含む語が来ると，疑問を示す語はүүになるのです.

疑問を示す語にはこんな例もありました.

Дорж хаана байна вэ?　ドルジさんはどこにいますか.
ハーン　　　　　　ウェー

хаанаが「どこに」を表すことばです. このような疑問を表すことばを含む疑問文の場合，yyやүүは用いません. その代わりに，ここではвэがついています.

次の例はどうでしょうか.

Энэ юу вэ?　これは何ですか.
エン　ユー

юуが「何」でした. ここにもвэがきています. では，もうひとつ.

Энэ хэн бэ?　これはだれですか.
ヘン　ベー

хэнは「だれ」を表す語でした. でも，最後はвэではなくбэとなっています. このように，疑問を表す語がある場合，後ろから2番目の語の最後の文字が決め手です. 前にも触れましたが，хэнのように，нで終わる語の場合，вэではなくбэとなるのです.

## 【否定のしくみ】

前のページでこんな質問の文を見ました.

**Дорж байна уу?** ドルジさんはいらっしゃいますか.
<small>ドルジ　　バェノー</small>

実際にドルジさんがいるときはどう答えますか.

**Байна.** います.
<small>バェン</small>

байна「います」だけでいいのです. 一方, ドルジさんがいないときはこう答えます.

**Байхгүй.** いません.
<small>バェハグイ</small>

байнаの x で終わる形байхにгүйをつければできあがりです. 他の動詞も否定してみましょう.
<small>バェハ</small>

**Дорж унтахгүй.** ドルジは寝ません.
<small>オンタハグイ</small>

「寝る」は x で終わる形がунтах. それにгүйを添えます. モンゴル語には母音のグループ分けというものがありましたが, ここではどうでしょうか.
<small>オンタハ</small>

**Дорж очихгүй.** ドルジは行きません.
<small>オチホグイ</small>
**Дорж ирэхгүй.** ドルジは来ません.
<small>イルヘグイ</small>
**Дорж өгөхгүй.** ドルジはあげません.
<small>オグホグイ</small>

どれも x で終わる形にгүйがついています. すべて同じです. ちょっとホッとしましたね.

ところで,「私はモンゴル人です」はどう言い表しますか.

Би монгол хүн.　私はモンゴル人です.
ビー　モンゴる　フン

　モンゴル語では「私」と「モンゴル人」を並べるだけで上の文を表すことができるのでした. では, この文を否定してみましょう. どうするか覚えていますか.

Би монгол хүн биш.　私はモンゴル人ではありません.
ビシ

　「〜ではない」を表すにはбишという語を最後に置きます. 同じ否定でも,「です」の否定は特別です. そういえば, 日本語でも「行きます」や「来ます」の否定は「行きません」「来ません」と「ます」を「ません」にすればできあがりですが,「です」の否定は「でせん」ではなく,「ではありません」となります.

　これで質問にも答えることができます.

Та монгол хүн үү?　　　　　あなたはモンゴル人ですか.
ター　　　　フヌー
Тийм, би монгол хүн.　　　　はい, 私はモンゴル人です.
ティーム
Үгүй, би монгол хүн биш.　いいえ, 私はモンゴル人ではありません.
ウグイ

　тиймが「はい」, үгүйが「いいえ」を表しています. なお, 最初の質問の文は, 後ろから2番目の語がхүнですので,「〜か」は үү となっています.

## 【いつもすること】

　モンゴル語で「（これから）〜します」を表すには，xの部分をнаに変えるのが基本でした．

Би унтана.　　私は寝ます.
ビー　オンタン

Дорж явна.　　ドルジは出かけます.
ドルジ　ヤウン

　「寝る」のxで終わる形はунтах，「出かける」はявахでした．では，「毎日，出かけます」はどうなると思いますか．「毎日」は өдөр бүрです.
オンタハ　　　　　ヤワハ　　　　　　　　　　　　　　　　　　　　　　オドゥル　ブル

Дорж өдөр бүр явдаг.　　ドルジは毎日,出かけます.
　　　　　　　　　ヤウタク

　動詞のしっぽが変化しているのがわかりますね．наの部分がдагに変わっています．モンゴル語では，習慣的な動作を表す場合，このような特別なしっぽをつけます．
　「毎日，寝ます」は形がすこし変化します．

Би өдөр бүр унтдаг.　　私は毎日,寝ます.
　　　　　　　オントダク

　наの前のaが外れています．でも，後ろは変わらずдагになっていますね．дагの発音は前の音によって［タク］あるいは［ダク］となります．
　このдагも前の母音によっては以下のように変化します．

Дорж өдөр бүр очдог.　　ドルジは毎日,行きます.
　　　　　　　オチトク

Дорж өдөр бүр ирдэг.　　ドルジは毎日,来ます.
　　　　　　　イルデク

Дорж өдөр бүр өвддөг.　　ドルジは毎日,体が痛みます.
　　　　　　　オウドドゥク

　それぞれの動詞のxで終わる形はочих「行く」，ирэх「来る」，
　　　　　　　　　　　　　　　　オチホ　　　　イルヘ
өвдөх「（体が）痛む」です．動詞の本体の母音によって，дагの母音
オウドゥホ

も変化します．この習慣を表すしっぽも，現在を表すしっぽ同様，4種
類あるのですね．

でも，習慣といっても毎日である必要はありません．あくまでも習慣
的ということですから，「ときどき」などを表す語と一緒に使うことも
できます．

Би хааяа энд ирдэг.　私はときどきここに来ます.
　　　ハーヤー　エンド

хааяаが「ときどき」，эндが「ここに」を表す語です．

では，ここで最後に質問してみましょう．

Та өдөр бүр эрт босдог уу?　あなたは毎日，早く起きますか.
ター　　　　　エルト　　　ボスドゴー

эртが「早く」で，босдогのx で終わる形がбосох「起きる」です．
　　　　　　　　　　　　　　　　　　　　　　　　　　ボスホ
ちなみに「遅く」はоройです．
　　　　　　　　オロェ

Тийм, би өдөр бүр эрт босдог.　はい, 私は毎日, 早く起きます.
ティーム

早起きは三文の得ですね．でも，こんな人もいるでしょう．

Үгүй, би өдөр бүр орой босдог.
ウグイ
いいえ, 私は毎日遅く起きます.

くれぐれも学校や職場には遅れないように．

# 出かけよう！

⋯⋯⋯⋯⋯⋯⋯⋯⋯⋯⋯⋯⋯⋯⋯⋯⋯⋯⋯⋯⋯⋯⋯⋯⋯⋯⋯⋯

　遅くまで起きていたら急に眠くなりました．こんなときはこんなふう
にみんなに言ってみましょう．

　**Унтацгаая!**　寝よう！
　　オンタツガーイ

「寝る」は**унтах**なので，「みんなで〜しよう」は**цгаая**の部分だと
　　　　　　　オンタハ
わかりますね．寝てばかりでは，体がなまってしまいます．

　**Явцгаая!**　出かけよう！
　　ヤウツガーイ

「出かける」は**явах**なので，**ах**の部分が**цгаая**に変わっています．そ
　　　　　　　　ヤワハ
ういえばモンゴル語には母音のグループがありました．

　**Идэцгээе!**　食べよう！
　　イドゥツゲーイ

「食べる」は**идэх**でした．これは**эх**ではなく，**х**の部分のみが変化し
　　　　　　イドゥヘ
ていますが，後ろは**цгаая**ではありませんね．**идэх**には**э**が含まれてい
るので，**цгээе**がつきます．最後の文字が**я**ではなく**е**になっていること
にも注意してください．

　**Эрт босоцгооё!**　早く起きよう！
　　エルト　ボスッゴーイ

「起きる」は**босох**でした．今度は**х**のところに**цгооё**がきていま
　　　　　　ボスホ
す．今度は最後の文字が**ё**です．「みんなで〜しよう」は**цгаая**，**цгээе**，
**цгооё**，**цгѳѳе**という4つの形があります．なお，最後の文字**я**，**е**，**ё**
はいずれも［イ］という発音になります．

⋯⋯⋯⋯⋯⋯⋯⋯⋯⋯⋯⋯⋯⋯⋯⋯⋯⋯⋯⋯⋯⋯⋯⋯⋯⋯⋯⋯

# 明日，ここにいる？

........................................................

　ここまではこれからのことを表す動詞の形を中心に見てきましたが，ひとつだけ，これからのことではなく，いまのことを伝える表現がありました．

　**Дорж байна.**　ドルジがいます.
　　ドルジ　　　バエン

　この**байна**はこれからのことではなく，いまいることを表しています．では，「ドルジが明日,ここにいる」はどのように言えばよいのでしょうか.

　**Дорж маргааш энд байна.**　ドルジは明日,ここにいます.
　　　　マルガーシ　　　エンド

　**маргааш**が「明日」で，**энд**が「ここに」です．明日はこれからのことですが，動詞は上の文と同じですね．**байна**はいまのこともこれからのことも表すことができるのです.

　ドルジが明日，ここにいるかどうか知りたいときはこう尋ねます.

　**Дорж маргааш энд байх уу?**　ドルジは明日,ここにいますか.
　　　　　　　　　　　　バエホー

　疑問文なので，最後が「〜か」を表す**уу?**になっています．また，**байна**が**байх**になっていますね．いまのことと異なり，これからのことを表す疑問文のときは**байх**という**х**で終わる形になります．明日，ここにいなければこうなります.

　**Дорж маргааш энд байхгүй.**　ドルジは明日,ここにいません.
　　　　　　　　　　　　バエハグイ

　否定は，いまのこともこれからのことも同じ形になります.

........................................................

## 【いま進行中のこと】

まずはこれからすることの言い方を復習してみましょう.

**Би сууна.**　私は座ります.
<small>ビー　ソーン</small>

「座る」のxで終わる形はсууxでした. この最後のxをнаに変えると,
これからのことを表すことができました. では, これからのことではな
く, いままさに座っていることはどう表すのでしょうか.

**Би сууж байна.**　私は座っています.
<small>ソージ　　バェン</small>

どこが変わったかわかりますか. 一番最後にбайнаという語がつい
ていますね. この語, 見覚えがありませんか. そう, 「いる」や「ある」
を表す動詞でした. いましていることを表すには動詞が2つ必要になる
のですね. もうひとつ気づきませんか.「座る」を表す語の形はどうでしょ
う. 最後がすこし変化しています. 今度は, сууxの最後のxがжに変化
しています.

そういえば, 英語で「いましている」ことを表すのは現在進行形の
be動詞+動詞の -ing 形でしたね. モンゴル語も同じように考えられま
す. 動詞のしっぽをжに変えて, байнаと組み合わせて表すのです.
ただ, 英語と違うのは語順です. 最初に基本となる動詞を置いて, その
後ろに「いる」「ある」を表すбайнаを添えるのです. 日本語の「〜し
ている」の形にも似ていますね.

では,「ドルジさんは寝ています」なら, どうなるでしょうか.「寝る」
はунтаxです.
<small>オンタハ</small>

**Дорж унтаж байна.**
<small>ドルジ　　オンタジ</small>

унтахの最後がжになって，その後ろにбайнаがきています．あれ，寝ていたと思ったら，ドルジさんは笑っているようです．

**Дорж инээж байна.**
イネージ

「笑う」のxで終わる形はинээхです．何で笑っているのでしょうか．
イネーヘ
何をしているのか尋ねてみましょう．

**Юу хийж байна?** 何をしていますか．
ユー　　ヒージ

юуが「何」でした．хийжのxで終わる形はхийх「する」です．
ヒーヘ
ドルジさんの返事はこうでした．

**Би амарч байна.** 私は休んでいます．
アマルチ

なんだか，変な答えですね．

さて，上の文ですが，амарчとは何でしょうか．xで終わる形は
амрах「休む」．これまでのパターンと何か違います．最後がжでなく，
アムラハ
чになっています．どうしてでしょうか．

モンゴル語の「いましている」には2つの形があるのです．жとなる
場合とчとなる場合です．動詞の本体がрやсで終わるときчになる
ことがあります．なお，амрахがчの形になるときは，амраの部分が
амарになります．

## 【したいこと，したくないこと】

　ここでは自分の希望を相手に伝えるときの言い方を見ていきましょう．疲れて何も手につかないときはこんなふうに言いたいものです．

**Би унтмаар байна.**　私は寝たい．
ビー　オントマール　バェナ

　「寝る」のxで終わる形は**унтах**です．その最後のaxがmaapに変わっ
オンタハ
ています．この形と**байна**を組み合わせると「〜したい」という表現
になります．

　でも，動詞によってはmaapがつかないものもあります．

**Би идмээр байна.**　私は食べたい．
イドメール

　「食べる」のxで終わる形は**идэх**です．ここでは最後のэхがмээрに
イドゥヘ
変わっています．

　もうひとつ別の例を見てみましょう．

**Би зөвлөмөөр байна.**　私は助言したい．
ゾウろモーる

　「助言する」のxで終わる形は**зөвлөх**です．ここはxがмөөрになっ
ゾウるホ
ていますね．axがmaapに，эхがмээрに，そして(ө)xがмөөрに変化
しています．мとpは共通で，そのあいだにくる母音だけが入れ替わっ
ています．では，「早起きしたい」はどうなるでしょうか．「早く」は
**эрт**で，「起きる」のxで終わる形は**босох**です．
エルト　　　　　　　　　　　　　　　　　　　　　　ボスホ

**Би эрт босмоор байна.**　私は早起きしたい．
ボスモール

　oxで終わる語はmoopに変わります．モンゴル語にはこのように母音
の仲間があるのでした．

а, э, ө, о以外の母音はどうでしょう.

**Би уумаар байна.** 私は飲みたい.
　　オーマール

「飲む」のхで終わる形はуухです. これは最後のхだけを外して
　　　　　　　　　　　　　　オーハ
маарを添えます. уとаは仲間の母音です. そのため, муурではなく
маарとなるのです.「～したい」はмаар, мээр, мөөр, моорを伴
う動詞とбайнаの組み合わせです.

「休みたい」はどうなるでしょうか. хで終わる形はамрахです.
　　　　　　　　　　　　　　　　　　　　　　　　　　アムラハ

**Би амармаар байна.** 私は休みたい.
　　アマルマール

今度もмаарがついていますが, その前の部分がほんのすこし変わっ
ています. амрахはамарにмаарを添えるのです.

なお, 実際の会話表現では次のようになります.

**Унтмаар байна.** 寝たい.

このように主語がなくても大丈夫です. では, したくないときはどう
なるのでしょうか.

**Унтмааргүй байна.** 寝たくない.
　　オントマールグイ

否定を表すгүйをмаарの後ろに添えればできあがりです. くれぐれ
もбайнаの後ろにгүйをつけないように. ときにはこんなこともあるで
しょう.

**Амармааргүй байна.** 休みたくない.
　　アマルマールグイ

あまり無理せず, たまには休んでください.

## 【過去のこと】

過ぎ去ってしまったことでも伝えたいことはたくさんあります.

Өчигдөр би эрт унтсан.　昨日, 私は早く寝ました.
オチグドゥル　ビー　エルト　オントスン

өчигдөрが「昨日」で, эртが「早く」です.「寝る」の形を見てみましょ
う. xで終わる形はунтахでした. 最後のахがсанに変わっています
ね. モンゴル語では母音によって形がすこし変化することがありました.
санの部分も例外ではありません.

Өчигдөр Дорж идсэн.　　昨日, ドルジは食べました.
ドルジ　イドゥスン

Өчигдөр Дорж зөвлөсөн.　昨日, ドルジは助言しました.
ゾウるスン

「食べる」のxで終わる形はидэх,「助言する」はзөвлөхです. こ
れらの動詞は過ぎ去ったことを表す場合, санではなく, сэнやсөнに
なります. また,「行く」はxで終わる形がочихですが, 過ぎ去った
ことを表す場合, ихをсонに変化させます.

Өчигдөр Дорж очсон.　昨日, ドルジは行きました.
オチスン

「昨日は早く寝なかった」なら, こうなります.

Өчигдөр би эрт унтаагүй.　昨日, 私は早く寝ませんでした.
オンターグイ

унтахのахを外してからааとし, その後ろに否定を表すгүйを添え
ます. このааの部分が動詞によって4種類に変化します.「昨日, ドル
ジは食べなかった」ならこうなります.

Өчигдөр Дорж идээгүй.　昨日, ドルジは食べませんでした.
イデーグイ

昨日何をしたか尋ねる文はこうなります.

**Өчигдөр юу хийсэн бэ?** 昨日, 何をしましたか.
ユー　ヒースン　ベー

юуが「何を」です. хийсэнのxで終わる形はхийх「する」. хийх「する」の場合, 過ぎ去ったことを表すにはxを外してсэнを添えるのです. また, 上は「何を」という疑問のことばを含む文なので, 最後にбэがつづきます. 前にこんな文も見ました.

**Дорж хаана байна вэ?** ドルジさんはどこにいますか.
ハーン　バェン　ウェー

では, 昨日いた場所を尋ねてみましょう.

**Өчигдөр Дорж хаана байсан бэ?**
バェスン
昨日, ドルジさんはどこにいましたか.

байнаがбайсанに変化しています. これで過ぎ去ったことを尋ねることができます. また, байнаがбайсанに変わったので, 最後のвэ？がбэ？となっています. 疑問を表すことばを含む疑問文の場合,「～か？」にあたる語は2つあります. байсанのように, нで終わる語の場合, вэではなくбэとなるのです.

さて, байнаを用いた次のような文もありました.

**Өнөөдөр хүйтэн байна.** 今日は寒いですね.
オノードゥル　フイトゥン

この文を「昨日は寒かった」としてみましょう.

**Өчигдөр хүйтэн байсан.** 昨日は寒かったですね.

今日を昨日に変えて, байнаをбайсанとすればいいのです.

## 【したことがある】

　過ぎ去ったことを表す言い方を見てきましたが，次の表現は過ぎ去ったことというよりも，経験を伝える言い方と言えます．

　友達との話で，以前行ったことがある場所の話題になりました．自分の経験を話してみましょう．

　　**Өмнө тэнд очиж байсан.**　以前，そこに行ったことがあります．
　　　オムヌ　　テンド　オチジ　　バェスン

　**өмнө** は「前に」，**тэнд** は「そこに」という意味を表します．ここで注目してほしいのが，**очиж байсан** の部分です．「行く」の x で終わる形は**очих**です．この最後の部分が**ж**に変わり，その後ろに**байна**の
　　　　　オチホ
過去の形**байсан**をつづけています．これまで見てきた何かの形に似ていませんか．そう，「いましている」ことを表すパターンに似ています．この進行形は動詞のしっぽを**ж**に変え，後ろに**байна**を添えました．つまり，経験を表す形は過ぎ去った進行形と言えます．

　　**Өмнө тэнд очиж байсан уу?**
　　　　　　　　　　　　　　バェスノー
　　これまでそこに行ったことはありますか．

　最後を**уу?** に変えれば，相手に問いかける文になります．

　モンゴル語では経験を伝える言い方はこれだけではありません．こんな表現もあります．

　　**Айраг ууж үзсэн.**　私は馬乳酒を飲んだことがあります．
　　　アェラク　オージ　ウズスン

　**айраг** が「馬乳酒」，**ууж** の x で終わる形が**уух**「飲む」ですね．そ
　　　　　　　　　　　　　　　　　　　　　オーハ
の後ろに注目です．**байсан**がありません．その代わりに**үзсэн**という語があります．これはいったい何でしょうか．**сэн**というしっぽがつい

ているので，過ぎ去ったことを表す形だとわかります．xで終わる形は
үзэх「見る」なのです．直訳すると「馬乳酒を飲んでみました」とな
ります．つまり，「〜してみたことがある」という経験を表しているの
です．前のページの最初に見た文もүзсэнを使って言い換えることが
できます．

　　Өмнө тэнд очиж үзсэн．　以前，そこに行ったことがあります．

　では，「〜したことがない」という言い方はどうなるでしょうか．こ
れまで話題になっている場所に行ったことがない人もいるでしょう．

　　Өмнө тэнд очиж байгаагүй．
　　これまでそこに行ったことはありません．

　байсанの部分が変化しています．過去の否定の基本は，動詞のx
で終わる形からaxを外してaarгүйをつけることを前に見ましたが，
байнаの場合にはбайが母音で終わっていますので，aarгүйの前にгを
はさみます．もうひとつの言い方ではどうなるでしょうか．

　　Өмнө тэнд очиж үзээгүй．　これまでそこに行ったことはありません．

　үзэх「見る」からэхを外したあと，ээを添え，後ろにгүйをつづけます．

## 【お願いしたいこと】

夜遅くまで起きている子どもにはこんなふうに言う必要があるかもしれません.

Унт. 寝なさい.
オント

「寝る」はунтахですので, ここではそのしっぽのaxが外れています.
オンタハ
このように, しっぽを外した形は命令を表すのです.

Ид. 食べなさい.　　　　　　　Уу. 飲みなさい.
イドゥ　　　　　　　　　　　　　オー

идэх「食べる」, уух「飲む」からどちらもしっぽが外れています.
イドゥヘ　　　　オーハ
でも, もうすこし丁寧に言うときにはこうなります.

Та ид. 食べてください.　　Та уу. 飲んでください.
ター　　　　　　　　　　　　ター

最初に「あなた」を表す語таを置きます. そしてやわらかい口調で言うことが大切です. でも, しっぽのない言い方ではお願いしにくいこともあります. そんなときはこうなります. 次の文はとてもよく使われるものです.

Сайхан нойрсоорой! お休みなさい！
サェハン　　ノェルソーロェ

сайханはここでは「快適に」. нойрсооройはнойрсохとоорой
に分解できます. нойрсохが「お休みになる」で, 最後のохを外して
ノェルスホ
ооройがくっついています. これも母音のグループによって4種類の変化があります.

За, инээгээрэй! ハイ, チーズ！（ハイ, 笑って！）
ザー　　イネーゲーレー

写真をとるときの決まり文句です. заが「ハイ！」ですね. その後ろのинээгээрэйにはооройに似たээрэйがあるのがわかりますか. では, そのээрэйを外して, хをくっつければ辞書に載っている形になるのでしょうか.「笑う」の辞書に載っている形はинээхです. となると, あいだのгは何でしょうか. これは母音の連続を避けるгなのです. つまり, инээ＋г＋ээрэйということです. これらの言い方は, つねに丁寧な感じを表すのかと言うと, そうでもないのです. 親が子どもに何かを指図するときにも使われます.

### Эрт босоорой.　早く起きなさい.
エルト　　ボソーロェ

эртが「早く」です. босооройのхで終わる形はбосох「起きる」です.
ところで, お願いするときは, 相手にしてほしいことだけではありませんね. こちらがしてもいいかどうかを尋ねるときもあります.「〜していいか」と尋ねるときはどんなふうに言えばよいでしょうか.

### Би унтаж болох уу?　私は寝てもいいですか.
ビー　オンタジ　　ボルホー

хで終わる形のхをжに変えて, その後ろにболох уу? をつづけます. ただし, いつもхがжに変わるだけではないのです.

### Би амарч болох уу?　私は休んでもいいですか.
アマルチ

このようにхがчに変わることもありました. 答えはどうなるでしょう.

### Болно.　いいですよ.　　　　Болохгүй.　だめです.
ボルン　　　　　　　　　　　　　ボルホグイ

болохのохを, ноに変えれば「いいです」に, болохに否定を表すгүйを添えれば「だめです」となります.

## コラム

# 「〜しないでください」

お願いしたいことは，相手にしてほしいことだけではなく，相手にしてほしくないこともありますね．大事な話をしているときに相手が眠そうな目をしています．そんなときはこう伝えましょう．

**Битгий унтаарай.** 寝ないでください.
　ビトゥギー　　　オンターラェ

Taの代わりに**Битгий**という語を前に置いています．

大切にとっておいたお菓子をとられそうになったらこう言いましょう．

**Битгий идээрэй.** 食べないでください.
　イデーレー

この「〜しないでください」は必ず**Битгий**という語を最初に置くのですね．これまでのモンゴル語の否定はしっぽの部分に**гүй**をつけることが多かったのですが，このような禁止を表す語は前に置くのです．

最後に，去ってほしくない人にははっきりと自分の気持ちを伝えましょう．

**Битгий яваарай.** 行かないでください.
　ヤワーラェ

こんなふうに言われたいものですね．なお，「行く」のxで終わる形は**явах**です.
　　　　ヤワハ

# 食べたり飲んだり

........................................................................

前にこんな文を見ましたが覚えていますか.

**Дорж инээж байна.**
ドルジ　イネージ　バェン

「ドルジさんは笑っています」という，いましていることを表す文
でした．この文を分解してみると，байнаは「いる」を表すので，
инээжが「笑って」にあたることがわかります．次はどうでしょうか.

**Дорж идэж байна.**　ドルジは食べています.
イデジ

「食べる」のxで終わる形はидэхです．ですからидэжが「食べて」
にあたりますね．今度はどうでしょうか.　イドゥヘ

**Дорж ууж байна.**　ドルジは飲んでいます.
オージ

「飲む」のxで終わる形はуухです．ですからуужが「飲んで」にあ
たります．　オーハ

では，「食べたり飲んだりします」はどうなるでしょうか．「食べて，
飲んで」と考えればいいのです.

**Дорж идэж ууж байна.**　ドルジは食べたり飲んだりしています.

前の2つの文がひとつになりました．この場合，「食べる」と「飲む」
は両方とも語の最後がжの形になっています．なお，これから飲み食い
するときは，後ろの語をнаの形に変えます.

**Дорж идэж уунa.**　ドルジは食べたり飲んだりします.
オーン

........................................................................

# 2 区別のしくみ

## 【どんな人？】

「青い空」「広い草原」，モンゴルの雄大な自然を紹介するときに使われる表現ですね．でも，モンゴル国の首都ウランバートルを紹介するには，「高い建物」や「たくさんの人」というのも必要になります．

さて，ここにでてきた4つの表現をモンゴル語にしてみましょう．

| хөх тэнгэр<br><sub>ホホ　テンゲル</sub> | 青い空 | уудам тал<br><sub>オーダム　タル</sub> | 広い草原 |
|---|---|---|---|
| өндөр байшин<br><sub>オンドゥル　バイシン</sub> | 高い建物 | олон хүн<br><sub>オロン　フン</sub> | たくさんの人 |

どれも2つの語でできています．「青い」「広い」「高い」「たくさんの」という語と，「空」「草原」「建物」「人」という語が結びついているのですが，どういう順番で並んでいるのでしょうか．組み合わせを変えて見てみましょう．

өндөр хүн　背の高い人　　олон байшин　たくさんの建物
<sub>オンドゥル　フン　　　　　　　　オロン　バイシン</sub>

「高い建物」と「背の高い人」，「たくさんの人」と「たくさんの建物」をそれぞれ比べてください．どちらも最初の語が同じですね．ということは，モンゴル語は日本語と同じ語順で並べればいいことがわかります．このようにどんなものであるかを説明する語は，常に名詞の前に置かれます．この名詞を飾ることばを形容詞と呼びます．上に挙げた例はどれも，最初の語が形容詞，後ろの語が名詞です．では，「どんな」ものかを聞くときにはどうすればいいのでしょうか．モノではなく，人について尋ねてみましょう．

Дорж ямар хүн бэ?　ドルジさんはどんな人ですか．
<sub>ドルジ　ヤマル　　ベー</sub>

ямар хүнの部分が「どんな人」を表しています．これまでと同じ並

びなので，ямарが「どんな」，хүнが「人」ですね．「～ですか」はбэ
です．前の語がнで終わるときにはвэではなく，бэが使われるのでした．
ドルジさんにとってはこんな答えがうれしいかもしれません．

Дорж сайн хүн. ドルジさんはいい人です.
<sub>サェン</sub>

сайн хүнが「いい人」ですね．やはりхүнの前にсайн「いい」を置
きます．「人」といえば，「モンゴル人」はどうなるでしょうか．「日本人」
と合わせて見てみましょう．

монгол хүн モンゴル人 　 япон хүн 日本人
<sub>モンゴる</sub> 　 <sub>ヤポン</sub>

монголですが，大文字ではじめるとМонгол「モンゴル（の国土）」
を表します．японも同じです．Японは「日本（の国土）」となります．
хүнをхэл「語」に入れ替えると言語名になります．
<sub>へる</sub>

монгол хэл モンゴル語 　 япон хэл 日本語

何語かわからないときはこう尋ねます．

Энэ ямар хэл вэ? これは何語ですか.
<sub>エン</sub>

日本語では「何語」ですが，モンゴル語では，「何」にあたるюуで
はなく，「どんな」を表すямарを使います．では，「何人ですか」はど
<sub>なにじん</sub>
うなるでしょう．モンゴル語ではこんなふうに言うのです．

Ямар үндэстэн бэ?
<sub>ウンドゥステン</sub>

хүнの代わりにүндэстэн「民族」を用いて，ямар үндэстэн「何民族」
と表します．

## 【これは悪くないですね】

　モンゴルの冬は厳しいです．気温がマイナス 20 度からマイナス 30 度の日々がつづきます．そんな「寒い日」をモンゴル語ではどのように表すのでしょうか．

хүйтэн өдөр　寒い日
（フイトゥン　オドゥル）

　これまで見てきた語の並びと同じです．хүйтэнが「寒い」，өдөр「日」です．ですから，「暑い日」はこうなります．「暑い」はхалуунです．
（ハローン）

халуун өдөр　暑い日

　モンゴルだって暑いときはあります．

　でも，ときにその暑さや寒さが和らぐときもあります．そんなときはこう言いたくなります．

хүйтэн биш өдөр　寒くない日　　халуун биш өдөр　暑くない日
（ビシ）

　あいだに 1 語，増えました．このбишは見覚えがありませんか．こんな文ででてきました．

Би монгол хүн биш.　私はモンゴル人ではありません．
（ビー　モンゴる　　フン）

　бишはこのように名詞の否定に使う語でしたが，「寒くない」「暑くない」などの形容詞の否定にも用います．

　別の形容詞を見てみましょう．場所や位置を表すものに，「遠い」と「近い」があります．モンゴル語ではхол「遠い」，ойр「近い」です．
（ホる）（オェる）
газар「場所」という名詞と組み合わせて，「遠くない場所」「近くない
（ガザル）
場所」と言ってみましょう．

　хол биш газар　　遠くない場所　　　　ойр биш газар　　近くない場所

「寒くない日」「暑くない日」と同様に，形容詞＋否定の語＋名詞の順
番で並んでいます．日本語と同じなのでわかりやすいですね．でも，「遠
くない場所」にはこんな言い方もあります．

　холгүй газар　　遠くない場所
　ホルグイ

おやっ，語の数が2つになっています．そしてよく見ると「遠い」を
表すхолの後ろに何かついています．гүйですね．これもどこかで見ま
せんでしたか．

　Дорж очихгүй.　　ドルジは行きません．
　ドルジ　　オチホグイ

「～しない」や「～しなかった」など，動詞の否定を表すときに使う
гүйとして見てきました．гүйは動詞の否定以外に，「遠い」などの形
容詞も否定できるのです．ただ，гүйは「近い」にはつけることができ
ませんので，「近くない場所」は先に示したойр биш газарという言い
方だけになります．このようにгүйはかならずしもすべての形容詞の否
定には用いられないのですが，話しことばではしばしば出合います．

　Энэ муугүй байна.　　これは悪くないですね．
　エン　　モーグイ　　バェン

муугүйに注目です．гүйがついていますね．これはмуу「悪い」と
いう語にгүйがついたものです．なんだか日本語の言い方とそっくりで
すね．

## 【おいしい料理】

　これまでとすこし変わったしくみをもつ「形容詞」があります．いくつか挙げてみますので，どういう特徴があるか考えてみてください．

**завтай** 暇な　　　　**дуртай** 好きな　　　　**амттай** おいしい
ザウタェ　　　　　　　ドルタェ　　　　　　　アムトゥタェ

　どうですか．この３つの語に共通する特徴はわかりましたか．意味ではなく，その形に注目してください．どの語も最後の部分が同じですね．тайとなっています．このтайを外しても，上の３つはモンゴル語として独立した意味をもちます．

**зав** 暇　　　**дур** 好み　　　**амт** 味
ザウ　　　　　　ドル　　　　　　アムトゥ

　こちらはどれも名詞ですね．上と下の意味を比べてみてください．тайの部分は「～がある」「～をもつ」という意味を表し，名詞にこのтайをつけると形容詞と同じ使い方ができるのです．「暇な」「好きな」「おいしい」は「暇がある，暇をもつ」「好みがある，好みをもつ」「味がある，味をもつ」と言い換えることが可能です．なお，このтайは動詞ではなく単なるしっぽなので，独立して用いることはできません．

　形容詞と同じ使い方ができるのであれば，後ろに名詞をつづけてみましょう．

**завтай өдөр** 暇な日　　　　　　　　**дуртай газар** 好きな場所
　　　　オドゥル　　　　　　　　　　　　　　　　　　　ガザル
**амттай хоол** おいしい料理
　　　　ホーる

　хоолは「料理」を表します．どれも名詞の前に置きます．さて，暇な日や好きな場所，おいしい料理ばかりだといいのですが，忙しい日だってありますし，きらいな場所やおいしくない料理だってあるでしょう．

そんなときはモンゴル語ではどう言うのでしょうか.

завгүй өдөр　忙しい日　　　　　　дургүй газар　きらいな場所
　ザウグイ　　　　　　　　　　　　　　ドルグイ
амтгүй хоол　おいしくない料理
　アムトゥグイ

　тайの代わりにгүйがついています. гүйは前に見ましたが否定を表
すしっぽです. ですから「暇がない（日）」「好みでない（場所）」「味が
ない（料理）」と考えることができます. ここで別の語を見てみましょ
う.「面白い映画」はモンゴル語でどのように表すのでしょうか.「面
白い」はこれまでと同じしくみをもつ語になります. もとになる語は
сонирхол「興味」です. кино「映画」と組み合わせてみましょう.
　ソニルホル　　　　　　　　　　キノ

сонирхолтой кино　面白い映画
　ソニルホルトィ

　さて,「面白い」はどの語でしょうか. сонирхолтойですね. お
や, これまでとは最後の部分が違う気がします.「興味がある, 興味を
もつ」（＝面白い）はсонирхолにтайを足すのでないのでしょうか.
сонирхолтойにはтойがついています. 実は, тойはтайの仲間なのです.
　モンゴル語には母音のグループというものがありました. 覚えていま
すか. この「〜がある, 〜をもつ」の部分もそれがつく語の母音によっ
て変わってくるのです. сонирхолの主要な母音はоですので, それ
に合わせて「〜がある, 〜をもつ」はтойとなるのです.
　では,「面白くない映画」はどうなるでしょうか.

сонирхолгүй кино　面白くない映画
　ソニルホルグイ

　「〜がある, 〜をもつ」の部分を否定のしっぽに変えればいいのです.
この否定のしっぽгүйはどんな母音を含む語にも使うことができます.

## 【昨日見た映画】

　面白い映画を見ると，つづけてまた見たくなります．今日も映画を見に行きませんか．ところで，「面白い映画」「つまらない映画」の区別もありますが，「今日見る映画」「昨日見た映画」というのも区別のひとつでしょう．モンゴル語では何と言うのでしょうか．

　**өнөөдөр үзэх кино**　今日見る映画
　　オノードゥル　　ウズヘ　　キノ

　**өнөөдөр**が「今日」で，**кино**が「映画」ですね．そしてあいだにある**үзэх**が「見る」にあたるのでしょう．この形に見覚えがありませんか．「見る」は動詞ですが，動詞で最後がxに終わっているのは，そう，辞書に載っている形でした．モンゴル語の**үзэх**「見る」という形がこのように「今日見る映画」という表現に使えるのです．これは日本語と同じですね．では，「明日見る映画」はどうでしょうか．「明日」は**маргааш**です．
　　　　　　　マルガーシ

　**маргааш үзэх кино**　明日見る映画

　「今日」が「明日」に変わっただけで，「見る」の形は同じです．今日見る映画も明日見る映画もこれから見ることに変わりはないので，「見る」の形は変わらないのですね．今度は昨日見た映画について話してみましょう．日本語は「今日」や「明日」の部分が「昨日」に，そして「見る」が「見た」に変わっていますね．モンゴル語ではどうでしょうか．

　**өчигдөр үзсэн кино**　昨日見た映画
　　オチグドゥル　ウズスン

　**өчигдөр**は「昨日」を表します．あとはどこが変化していますか．モンゴル語も「見る」と「見た」では動詞の形が変わっています．**эх**

の部分がcэнとなっています. このcэнもこれまで見てきた形ですが, 覚えていますか. 日本語訳をヒントにしてください.

そうです, 過去のしっぽです.

**Өчигдөр Дорж идсэн.**　昨日, ドルジは食べました.
　　　　ドルジ　イドゥッスン

идсэн「食べた」のしっぽ x のついた形はидэх「食べる」でした. この過去を表すcэнがついている үзсэнが「見た」にあたるのです. これも日本語と同じですね.

最後に,「これから行く場所」「この前行った場所」を見てみましょう.

**одоо очих газар**　これから行く場所
オトー　オチホ　ガザル
**түрүүн очсон газар**　この前行った場所
トゥルーン　オチスン

2つに共通するгазарが「場所」を表す語でした. また, それぞれの最初の語, одооが「これから」, түрүүнが「この前」の意味です. あいだにあるочихとочсонが「行く」「行った」にあたります.「行く」のしっぽ x のついた形はочихです. o を含む語ですので, その過去のしっぽはcэнではなくcoнに変えて, очсонとなります. なお, одооは[オトー]という発音になります.

最後に, 次の文を訳し分けてみましょう.

**Одоо очих газар Улаанбаатар байна.**
　　　　　　　　オラーンバータル　　バエン
これから行く場所はウランバートルですね.

**Түрүүн очсон газар Улаанбаатар байсан.**
　　　　　　　　　　　　　バエスン
この前行った場所はウランバートルでした.

## 【一時的ないまの気持ち？】

　ここまでさまざまな区別を見てきました．ひとつ復習です．「おいしい料理」はどういうふうになるでしょうか．

**амттай хоол**　おいしい料理
アムトゥタェ　ホール

амттайはамт「味」＋тай「〜がある」でしたね．では，「これはおいしいね」なら，どうでしょうか．

**Энэ амттай байна.**　これはおいしいね．
エン　　　　　　バェン

　この文は「文のしくみ」で見たものですが，энэが「これは」です．そして最後のбайнаには現時点においてその状況や事実を確認していることを示す働きがありますので，「〜ですね」という話し手のいまの気持ちを表します．

　次も同じしくみの文です．

**Өнөөдөр хүйтэн байна.**　今日は寒いですね．
オノードゥル　フイトゥン

**Өнөөдөр халуун байна.**　今日は暑いですね．
　　　　　　ハローン

өнөөдөрが「今日」です．「寒い」はхүйтэн，「暑い」はхалуунです．
　では，「私は暇です」はどうでしょう．「私」はбиです．「暇な」は覚
えていますか．тайがつく語です．зав「暇」にтайがついたзавтайで
すね．
ビー
ザウ　　　　　　　　　　　　　　　　　　　ザウタェ

**Би завтай.**　私は暇です．

　おや，これまでと何かが違います．「私」と「暇な」を並べるだけで
文になっています．байнаは必要ないのでしょうか．もうひとつ例を

見てみましょう.

　Монгол уудам.　モンゴルは広い.
　　　モンゴる　　オーダム

　これも2語だけですね.　Монгол「モンゴル」とуудам「広い」だけです.　なぜбайнаはつかないのでしょうか.「私は暇です」「モンゴルは広い」と,　その前の文の違いはどこにあるのでしょう.

　実は,　話し手の一時的ないまの気持ちを表す場合はбайнаがつき,　そうでない場合は,　байнаを入れなくてもいいのです.

　私が暇だと思うのは,　ある程度の時間,　持続しますし,　モンゴルが広いのは変わることではありません.　それに比べて,　おいしく感じたり,　寒かったり,　暑かったりは,　次の瞬間にはもう変わっているかもしれません.

　最後に「モンゴル語は面白い」はどちらの表現になりますか.「モンゴル語」はмонгол хэлでした.「面白い」はсонирхолтойです.
　　　　　　　　　　　　　　　　　　　　　　　　　　　　　　　　　ソニルホるトェ
　　　　　　　　　　　　　　へる
тайではないので気をつけてください.

　Монгол хэл сонирхолтой байна.　モンゴル語は面白いですね.

　あくまでも話し手のいまの気持ちならこうなります.　でも,「モンゴル語というものはそもそも面白いものだ」というニュアンスなら,　こうなります.

　Монгол хэл сонирхолтой.　モンゴル語は面白い.

　どちらにしても,　モンゴル語のこの区別は面白いですね.

## コラム

# 来年と去年

........................................................................................................

　「明日見る映画」や「昨日見た映画」は動詞の「見る」や「見た」が
そのまま使えるなんて，モンゴル語は日本語とよく似ています．

　このしくみは意外なところにもでてきます．「来年」などの言い方です．
来年は「来る年」とも言い換えられますね．

　ирэх жил　来年
　　イルヘ　　ジル

　ирэхがхで終わる形の「来る」，そしてその後ろが「年」を表す
жилです．

　では，「来月」はどうでしょうか．

　ирэх сар　来月
　　　　　サル

　жилをсарに変えるだけですね．

　「来年」と「来月」を見てきましたので，「去年」はどうでしょうか．「過
ぎた」年と考えるといいかもしれません．

　өнгөрсөн жил　去年
　　オングルスン

　өнгөрсөнが「過ぎた」を表します．もとの形はわかりますか．ここ
からсөнを外した өнгөр「過ぎる」です．この動詞の母音は ө ですので，
　　　　　　　　　　オングル
過去を表すсанがсөнになります．

　もう「先月」はできますね．日本語では，「去年」と「先月」とでは，
「去〜」「先〜」と違う漢字を使っていますが，モンゴル語では同じです．

　өнгөрсөн сар　先月

........................................................................................................

## コラム
# 「学ぶ書物」って何？

．．．．．．．．．．．．．．．．．．．．．．．．．．．．．．．．．．．．．．．．．．．．．．．．．．．．．．．．．．．．．．．．．．．．．．．．．

「来る年」や「過ぎた年」が「来年」「去年」を表しているなんて，日本語を母語とする私たちにはうれしいかぎりです．この「しくみ」は月日を表すことば以外にも多数でてきます．次の語は何を表しているかおわかりですか．

### нисэх онгоц
ニスヘ　オンゴツ

нисэхは「飛ぶ」のxで終わる形です．онгоцは木でできた家畜の水飲み場を表します．木の幹をくり抜いた形です．この2つを合わせた意味ですが，想像できますか．実は，「飛行機」なのです．онгоцだけでも「飛行機」の意味になりますが，このような言い方もあるのです．
次はどうでしょう．

### усан онгоц
オサン

上と同じонгоцが使われていますね．その前にあるусанは「水の」．さっきは飛行機でしたが，今度は水に関係するようです．これは，「船」のことです．
今度は別の組み合わせです．

### сурах бичиг
ソルハ　ビチク

сурахは辞書の見出しの形で「学ぶ」．そしてбичигは「書物」という意味です．ちょっとわかりにくいですね．ヒントです．2つのことばの間に「〜のための」と入れてみましょう．「学ぶための書物」．そう，「教科書」のことです．

．．．．．．．．．．．．．．．．．．．．．．．．．．．．．．．．．．．．．．．．．．．．．．．．．．．．．．．．．．．．．．．．．．．．．．．．．

## 【私の車とあなたの車】

区別といえば，だれのものかの区別も大切ですね．まずは「私」から．モンゴル語では老若男女だれでも自分のことは**би**と言うことができます．ところが，「私の〜」と言いたいときは，**би**という形がもう使えません．どんな形になるのでしょうか．

### миний машин　私の車
ミニー　　マシン

さて，どちらが「私の」でしょうか．**би**に似た語がありません．これではどちらが「私の」かわかりませんね．では，「車」ではない別の語に「私の」をくっつけてみましょう．「私の料理」なら，こうなります．

### миний хоол　私の料理
ホーる

「料理」は前に見ましたね．**хоол**です．となると，「私の」は？　そう，前についている**миний**です．それにしても，**би**とは全然似ていません．

次は，「あなたの車」「あなたの料理」をモンゴル語で言ってみましょう．

### таны машин　あなたの車　　таны хоол　あなたの料理
タニー

「私の」と同じく，「車」や「料理」の前に置かれている**таны**が「あなたの」です．「あなた」を表す語は**та**でした．なお，相手のことを指す言い方がもうひとつあります．
ター

### чиний машин　君の車　　чиний хоол　君の料理
チニー

**таны**の部分が**чиний**に変わっています．日本語を見ると違いがわかりますね．**чиний**は親しい相手に対して使う「君の」を表します．ただ，この本では基本的には「あなた」の方を使っていきます．

　会話では, 問いかけ表現として「だれの〜」という言い方も必要になっ
てきます.

　Энэ хэний машин бэ?　これはだれの車ですか.
　　　エン　　ヘニー　　　　　　　ベー

　хэнийが「だれの」を表します. хэнが「だれ」という意味でしたの
で, これはわかりやすいです.「私の」「あなたの」を用いる表現でよく
使われるものにこんなものがあります.

　Таны нэр хэн бэ?　あなたのお名前は何ですか.
　　　　ネル
　Миний нэр Дорж.　私の名前はドルジです.
　　　　　　　ドルジ

　нэрが「名前」を表す語です. なお, 日本語では「何」となっていま
すが, モンゴル語ではхэн「だれ」ですね. このように, 直訳すると「あ
なたの名前はだれですか」とモンゴル語では尋ねるのです.

　ところで, 車が「私の車」でもなく,「あなたの車」でもなければ,
どうでしょうか. そう,「彼の車」や「彼女の車」の可能性があります.

　тууний машин　彼／彼女の車
　トゥーニー

　「彼の」や「彼女の」を表すのはтуунийです. この語は男女の区別
がありません. なお,「彼」「彼女」を表すのはこれまで「あれは」の意
味ででてきたтэрです.

　話しことばでは次のような言い方もよく耳にします.

　тэрний машин　彼／彼女の車
　テルニー

　これならтэрという形がそのまま残っているのでわかりやすいです
ね.

## 【どの本？】

　日本語には「こそあど」と呼ばれるものがあります．「この」「その」「あの」「どの」などにあたることばです．まずは「この」から．私の目の前にある本はこう言うことができます．

**энэ ном**　この本
エン　ノム

　2つの語で表されています．「この」と「本」という語です．では，私からもあなたからも遠いところにある本はこう言います．

**тэр ном**　あの本
テル

　こちらも2語でできています．номが「本」ですので，энэが「この」，тэрが「あの」ですね．ところで，このэнэとтэрに見覚えはありませんか．この本の最初の方でこんな文がでてきていました．

**Энэ Монгол.**　これはモンゴルです．　　　**Тэр гэр.**　あれはゲルです．
モンゴる　　　　　　　　　　　　　　　　　　　ゲル

　モンゴル語では「この」と「これ」，「あの」と「あれ」は同じ語で表すのですね．ただ，日本語では「この」「その」「あの」と3つに区別しますが，モンゴル語では「この」と「あの」の2つに分けて考えるのです．
　でも，「その本」と言いたいときはどうするのでしょうか．相手が話題にしたことを受けて，たとえば「その本は面白いね」という場合はこうなります．**сонирхолтой**が「面白い」でした．
ソニルホるトェ

**Тэр ном сонирхолтой байна.**　その本は面白いね．
バェン

　「あの本」と同じ形ですね．でも，「その」にはもうひとつこんな使い方があります．相手の近くにある本を指して，「その本は...」と言うと

きの「その」です.

**Наад ном чинь сонирхолтой байна.**　その本は面白いね.
　　ナード　　　　チン

なんだか長くなりました. **ном**の前の**наад**は「こっち側の」, 後ろの
**чинь**が「君の」を表しています. 君のそばにある本という言い方にな
るのです. 面白いですね. なお, **чинь**は前に見た**чиний**「君の」が
形を変えたものです. 置く位置も違いますね. **ном**という名詞の後ろ
にあります. このように「その」には2つの用法があり, すでに話題に
なった「その」は「あの」と同じ形で表現できますが, 相手の近くにあ
るものはまったく別の言い方になるのです. 最後に, どの本かわからな
いときはこうなります.

**аль ном**　どの本
　アリ

**аль**が「どの」です. では,「どれ」と聞きたいときはどうなるでしょ
うか.

**Таны ном аль вэ?**　あなたの本はどれですか.
　タニー　　　　ウェー

やはり「どの」と「どれ」も同じ語で表すのですね. さらに, こんな
言い方をすることもあります.

**Таны ном аль нь вэ?**　あなたの本はどれですか.
　　　　　アリン

日本語訳は同じですが, **аль**と**вэ**のあいだに何か入っています. あい
だに入った**нь**は「そのうちの」という意味のしっぽです.「その本」の
ところで見た区別を表すしっぽ**чинь**の仲間です. しっぽなので, 直前
の語**аль**にくっつけて［アリン］くらいに発音します.

## 【この本は私のもの！】

　前のページの最後で「あなたの本はどれですか」という文を見ましたが，手もとにある本が相手のものかどうかを尋ねるときはどうなるでしょうか．手もとにある本ということは，「この本」ですね．「この本はあなたのですか」はこうなります．

　Энэ ном таных уу?　この本はあなたのですか.
　　エン　ノム　　タニーホー

　「あなたの」はどれにあたるかわかりますか．энэ номが「この本」，ууが尋ねるときの「〜か」でしたので，残ったтаныхが「あなたの」
ですね．「あなたの本」と比べてみましょう．　　　　タニーホー

　таны ном　　あなたの本
　　タニー

　日本語では同じ「あなたの」ですが，таныхは「あなたのもの」という意味ですね．このように「あなたの〜」の最後にxをつけることで，
「あなたの（もの）」を表すことができるのです．では，「この本は私のです」だったらどうでしょうか．

　Энэ ном минийх байна.　この本は私のですね.
　　　　　　ミニーホー　　バェン

　「私の本」はминий номでしたので，「私の（もの）」は「あなたの
　　　　　　　　ミニー
（もの）」と同じく最後にxをつけることで表すことがわかります．もし
目の前の人が私の本を間違って持っていこうとしたときにはこんなふう
に言えます．

　Энэ ном таных биш минийх байна.
　　　　　　　　　　ビシ
　この本はあなたのではなく，私のですね.

биш は前の語の否定を表しますので,「あなたの (もの)」ではなく,「私の (もの)」という意味です.

ところで, この「〜のもの」は「私」や「あなた」以外にもよく使われます.「何か面白いのやっていないかな」などの「面白いの」はモンゴル語ではどのようになるのでしょうか.

**сонирхолтой юм** 面白いの(面白いもの, 面白いこと)
ソニルホるトェ ユム

「面白いの」は「面白いもの」という意味ですが, モンゴル語では сонирхолтой「面白い」の後ろに юм をつけて表します. сонирхолтой кино「面白い映画」の кино「映画」のところが юм に置き換わっていることがわかります. юм は「〜なもの」や「〜なこと」という意味をもっています.「好きなの」や「きらいなの」はこうなります.

**дуртай юм** 好きなの(好きなもの, 好きなこと)
ドるタェ

**дургүй юм** きらいなの(きらいなもの, きらいなこと)
ドるグイ

## 【本の歴史と歴史の本】

　人や物にはさまざまな歴史があります．ここではそのいろいろな「歴史」を見ていきましょう．なによりも「歴史」という語がわからないと話が先に進みません．モンゴル語で「歴史」はтүүхです．

　さきほどまで「本」の区別を見てきましたので，最初は「本の歴史」からいきましょう．

**номын түүх**　本の歴史

（ノミン）

　「本」はномでしたので，形がすこし変わっています．他の歴史を見ながら，どんな変化か確認してみましょう．

**Улаанбаатарын түүх**　ウランバートルの歴史

（オラーンバータリン）

　もとの形はУлаанбаатар「ウランバートル」でした．どのように変わっていますか．そうですね，語の最後にынがくっついています．

**Монголын түүх**　　モンゴルの歴史

（モンゴリン）

　「モンゴル」はМонголですので，これも規則どおりですね．今度はいろいろな名前を見てみましょう．

**хотын нэр**　町の名前
（ホティン）（ネル）

**аавын нэр**　父の名前
（アーウィン）

**ахын нэр**　兄の名前
（アヒン）

　нэрが「名前」ですね．その前の語はどれもынで終わっています．そのынを外したхот，аав，axがそれぞれ「町」「父」「兄」のもとの形です．なお，ынは「イーン」ではなく，［イン］という音に近くなり

ます.

さて，いろいろな歴史や名前を見てきました．次は，歴史を扱った本は，モンゴル語でどう言うか考えてみてください.

### түүхийн ном　歴史の本
トゥーヒーン

「本の歴史」は номын түүх でしたが，「歴史の本」はこうなります．でも，なんだかこれまでとすこし形が異なりますね.

もう1冊，別の本を見てみましょう．「ゲル」に関する本のようです.

### гэрийн ном　ゲルの本
グリーン

これもいままでとちょっと違います．上の2つを分解してみましょう．түүхийн は「歴史」を表す語 түүх の後ろに ийн がついています．гэрийн も гэр「ゲル」の後ろに同じく ийн がついています．ын と ийн，どういう違いなのでしょうか．実は，もとの語にどんな母音が入っているかによって ын と ийн を使い分けているのです．そういえば，モンゴル語には仲のいい母音とそうでない母音というのがありました．a や o や y を含む語には ын，э や ө や γ を含む語には ийн を用いるのです.

そのほか，母音の種類に限らず，ж や ч や ш で終わる語にくっつくときも ийн になります.

### Доржийн ном　ドルジの本
ドルジーン

## 【нが隠れていることば】

　「光」や「明かり」のことをモンゴル語でгэрэл<sub>ゲレル</sub>と言います．では，「月の光」か「太陽の光」かを区別してみましょう．

　空に浮かぶ月はcap<sub>サル</sub>です．また，太陽のことはhap<sub>ナル</sub>と言います．どちらもやや丁寧な発音では［サラ］［ナラ］のように聞こえます．

　さて，「月の〜」「太陽の〜」と言うときには，「の」にあたるしっぽをつける必要があります．capもhapも母音はaなので，ном<sub>ノム</sub>「本」などと同様にынをつけるのでしょうか．まずは「月の光」から．

　　　сарны гэрэл　　月の光
　　　<sub>サルニー</sub>

　よく見てください．使われている文字は予想したものと同じかもしれませんが，その位置がなにか違うような.......「太陽の光」も見てみましょう．

　　　нарны гэрэл　　太陽の光
　　　<sub>ナルニー</sub>

　こちらも同じく，でてくる文字は期待どおりなのですが，配列が異なります．どういうことなのでしょうか．

　「月」や「太陽」という単独の名詞の場合はcapやhapのままです．しかし，capやhapにはもともと語の最後にнが隠れているので，「月の」や「太陽の」という形になるときはその隠れていたнが姿を表すのです．なんだか複雑なしくみですね．

　なお，このような最後がнで終わる語の場合，「〜の」の形はынやийнではなく，ыやийとなります．

　　　хоолны ном　　料理の本
　　　<sub>ホールニー</sub>

「料理」を表すхоолにもнが隠れていたのです．このように，「料理の」という場合には，そのнが現れてくるのです．

**сүүний амт**　ミルクの味
スーニー　アムトゥ

амтは「味」という意味で，前にでてきました．сүү が「ミルク」で，これもнを隠しもつ語だったのです．母音が ү なので，「ミルクの」はнの後ろにийを添えて，сүүнийとなります．

この「〜の」を表すыやийですが，нにくっつけますので，単独の名詞でнで終わる語も同じように考えることができます．

Япон「日本」を例にしてみましょう．
ヤポン

**Японы түүх**　日本の歴史
ヤポニー　トゥーへ

Японにыを添えるだけです．

最後に，日本にたくさんあるモンゴル関係の本といえば，「チンギス・ハーンの本」．これをモンゴル語で言ってみましょう．

**Чингис хааны ном**　チンギス・ハーンの本
チンギス　ハーニー

Чингис хаан「チンギス・ハーン」はнで終わっていますので，このように「チンギス・ハーンの」と言うときは，その後ろにыを置きます．2語でできている語は後ろの語に「〜の」を表すしっぽをくっつければいいのです．

## コラム

# 男女を区別したいとき

........................................................................................

　前に，モンゴル語では「彼」や「彼女」は同じтэрで表されることを
お伝えしました．でも，どうしても男女を分けて考えたいときはどうす
るのでしょうか．

　тэр эрэгтэй хүн　　あの男性，彼

　тэр эмэгтэй хүн　　あの女性，彼女

　それぞれэрэгтэй「男性」，эмэгтэй「女性」を表す語をтэрの後ろ
に置いて，「彼」「彼女」を表します．хүн「人」は省略可能です．

　では，「彼の車」と「彼女の車」の区別が重要な意味をもつ場合には
どう言い分けたらいいのでしょうか．前に見たのはтүүний машин
「彼／彼女の車」という表現ですが，ここでは上のтэр эрэгтэйとтэр
эмэгтэйをもとにします．

　тэр эрэгтэйн машин　　あの男性の車(彼の車)

　тэр эмэгтэйн машин　　あの女性の車(彼女の車)

　「～の」を表す形はынやийн，あるいはнがつく語の場合はыやий
でした．ここはどうでしょうか．もとがэрэгтэйとэмэгтэйですので，
最後にнがつくことによって「～の」を表していることがわかります．
このように母音字＋йで終わっている語にはнを置くだけで「～の」の
形になるのが基本です．

........................................................................................

## コラム

# 何人かいたら

．．．．．．．．．．．．．．．．．．．．．．．．．．．．．．．．．．．．．．．．．．．．．．．．．．．．．．．．．．．．．．．．．．．．．．．．．．．．．．

　1 冊の本とたくさんの本．日本語では，1 冊でもたくさんでも「本」は「本」のままです．「たくさんの本たち」というような言い方はふつうの文体では使いませんよね．モンゴル語ではどうでしょうか．

　нэг ном　1 冊の本　　　олон ном　たくさんの本
　ネグ　ノム　　　　　　　　　　オロン

　нэгが「1」，олонが「たくさん」です．「〜冊」を表す語は必要ありません．「本」の形を見てください．どちらもномですね．

　ところが，人に対して，あえて何人もいることを伝える表現があります．

　ах эгч нар　お兄さんやお姉さんたち
　アハ　エグチ　ナル

　ах эгч「兄と姉」の後ろにнарという語が置かれています．このнарは前の語と離して書きます．нарは固有名詞の後ろにくることもあります．

　Дорж нар　ドルジたち
　ドルジ

　これはドルジがいっぱいいるのではなく，ドルジを含めた何人かということを表しています．

　なお，「人々，人たち」という言い方もあります．モンゴル語では特別な表現になります．

　хүмүүс　人々，人たち
　フムース

　「人」はхүнでした．似ているような，似ていないような，これは覚えるしかなさそうです．
　　　フン

．．．．．．．．．．．．．．．．．．．．．．．．．．．．．．．．．．．．．．．．．．．．．．．．．．．．．．．．．．．．．．．．．．．．．．．．．．．．．．

# 3 「てにをは」のしくみ

## 【「は」と「を」】

ここからは日本語の「てにをは」にあたるモンゴル語を見ていきましょう．まずは主語となる「は」から．

**Тэр ном сонирхолтой байна.** その本は面白いね．
テル　ノム　ソニルホるトェ　バェン

「区別のしくみ」で見た文ですが，覚えていますか．тэр номが「その本」で，この文のなかでは主語の役割を果たしています．つまり，「その本は」．

では，次の文はどうでしょうか．

**Ном унших уу?** 本を読みますか．
オンシホー

уншихが「読む」で，унших уу? で「読みますか」となります．その前にあるномですが，これは「本」ですね．しかし，前の文とは
オンシホ
役割が違うのがわかりますか．この「本」は主語ではありません．読む対象を表しているので，「本を」となります．номという形は同じですが，文によって役割が変わってきます．この文に主語を足してみましょう．

**Та ном унших уу?** あなたは本を読みますか．
ター

таが「あなた」を表します．これが主語の役割をするので「あなたは」となります．

モンゴル語の「は」と「を」のしくみはわかりましたか．基本的には「は」と「を」の形は変わりません．

慣れるために，他の文も見てみましょう．

すこしのどが渇いてきたので，私はコーヒーを飲みます．一緒にどうですか．

Кофе ууя.　コーヒーを飲みましょう.
<sub>コーフェ</sub>　<sub>オーイ</sub>

　しっぽがхで終わるуудの形はуух「飲む」です. 最後のхを外してя
をつけると相手に促す表現になります. ууяの発音は［オーイ］となり
ます. その前のкофеは「コーヒーは」ではなく,「コーヒーを」ですね.
　でも, 相手は何だかコーヒーが飲みたくなさそうです. そんなときは
こう尋ねてみましょう.

Та юу уух вэ?　何をお飲みになりますか.
　<sub>ユー</sub>　<sub>ウェー</sub>

　юуは「何」を表す語です. このような疑問を表す語があるときは
「～か」はвэになるのでした. さて, この文ではтаがあるので, юуは
主語ではなく, 飲む対象を表していますから,「何を」ですね.
　主語の役割を示すときも同じ形でした.

Тэнд юу байна вэ?　あそこには何がありますか.
　<sub>テンド</sub>

　тэндが「あそこに」を表します. この文ではюуが主語ですね.

## 【ドルジさんを知っています】

もう一度，コーヒーを飲もうと声をかけてみましょう．

**Кофе ууя.** コーヒーを飲みましょう．
コーフェ　オーイ

すると，相手はおもむろにカバンから瓶を取り出して一言．

**Энэ кофег ууя.** このコーヒーを飲みましょう．
エン　コーフェグ

コーヒーにものすごいこだわりがあるようです．私のだすふつうの
コーヒーではなく，「このコーヒー」がいいとのこと．энэは「この」
でも「これ」でも使えますが，ここはコーヒーにつくので「この」です
ね．ところで，何か変わっていませんか．「コーヒー」の形に注目です．
瓶ではなく，コーヒーを表すモンゴル語に注目です．さっきとつづりが
違います．最後にгの文字が！　そう，モンゴル語では「この」「あの」
などの区別を示す語がつくと，「を」のかたちが変化します．「あなたは
このお茶を飲みますか」なら，こうなります．

**Та энэ цайг уух уу?** あなたはこのお茶を飲みますか．
ター　　ツァイグ　オーホー

цай「お茶」にгがつきます．では，「あなたはこれを飲みますか」
ツァイ
ならどうでしょう．

**Та энийг уух уу?** あなたはこれを飲みますか．
エニーグ

「これ」はэнэでしたが，「これを」はもとの形からэが外れ，その代
りにийгがついています．「あれを」はどうでしょう．

**Та тэрийг уух уу?** あなたはあれを飲みますか．
テリーグ

　「あれ」はтэрでしたから，その後ろにийгがついています．тэрийг
が「あれを」になります．モンゴル語の「を」は，このように他と区別
するときに形が変わります．他と区別する語と言えば，人の名前がそう
です．

　Дулмааг танина.　ドルマーさんを知っています.
　　ドるマーグ　　　タニン

　танинаが「知る」です．「ドルマー」はДулмааですが，「ドルマーを」
を表しているので，Дулмаагとгを伴っています．ちなみに，Дулмаа
は女性の名です．今度はおなじみの男性の名を見てみましょう．

　Доржийг танина.　ドルジさんを知っています.
　　ドルジーグ

　Доржにгがついていると思ったら，гだけではありませんね．ийг
がついています．「を」の形にはもとの語の最後の文字によっていくつ
かバリエーションがあるのです．もう1人男性の話題をつづけましょう．

　Баатарыг танина.　バータルさんを知っています.
　　バータリーグ

　今度はБаатарにыгという部分がつけ加わって「バータルを」となっ
ています．いろいろな形があってたいへんそうですが，どれも最後のг
は共通していますね．

　最後に以下の3つの文で「は」と「を」の形を確認してください．

　Дулмаа Доржийг танина.　ドルマーさんはドルジさんを知っています.
　Дорж Баатарыг танина.　ドルジさんはバータルさんを知っています.
　Баатар Дулмааг танина.　バータルさんはドルマーさんを知っています.

## 【私は彼のことを知っています】

前のページの最後で見た文です.

Баатар Дулмааг танина.　バータルさんはドルマーさんを知っています.
バータル　　ドルマーグ　　　タニン

「〜を」にあたる名前のところに г がついています.

では, ドルマーさんを「彼女」に置き換えてみましょう.

Баатар тэрийг танина.　バータルさんは彼女を知っています.
　　　　テリーグ

「彼女を」は「あれを」にあたる тэрийг を用います. 今度は「彼女」を「彼」に置き換えてみましょう.

Баатар тэрийг танина.　バータルさんは彼を知っています.

тэрийг は「彼を」と「彼女を」の両方の意味になります.

さて, ここまで彼と彼女の「を」の形を見てきましたが, 私やあなたの「を」の形も知りたいですね.

まずは私から.

Би тэрийг танина.　私は彼（彼女）のことを知っています.
ビー

この文の「は」と「を」を逆にして,「彼（彼女）は」「私のことを」としてみましょう.

Тэр намайг танина.　彼（彼女）は私のことを知っています.
テル　　ナマェグ

「私は」の形は би ですが,「私を」は намайг というふうに形がかなり変わります.

「あなた」の場合はどうでしょうか.

Та тэрийг таних уу?　あなたは彼(彼女)のことを知っていますか.
<sub>ター</sub>　<sub>タニホー</sub>

　これも「は」と「を」を変えて，「彼（彼女）はあなたのことを知っ
ています」としてみましょう.

Тэр таныг танина.　彼(彼女)はあなたのことを知っています.
　　<sub>タニーグ</sub>

　「あなた」はтаです.　これはнが隠れている語ですので，「を」の形で
はそのнが現れ，その後ろに「を」を表すыгがついています.
　でも，知らないときもあるでしょう.

Тэр таныг танихгүй.　彼(彼女)はあなたのことを知りません.
　　　　　　<sub>タニホグイ</sub>

　「知らない」と言うときは，「知る」のхで終わる形танихにгүйを
つけて表すのでした.　日本語では「あなたのことは（知りません）」とも<sub>タニホ</sub>
も言いますが，モンゴル語ではтаныг「あなたのことを」しか用いま
せん.

## 【これを私にください】

　面白い本を読むと人に薦めたくなります．たまたま知り合いの誕生日なら薦めるよりもプレゼントすることもあるでしょう．

　**Энийг барья.**　これを差し上げます．
　<small>エニーグ　バリィ</small>

　барьяが「差し上げよう」という意味です．энийг「これを」はэнэ「これ」が変化した形でした．これだけでもいいですが，「あなたに」と添えた方が気持ちがさらに伝わりますね．

　**Энийг танд барья.**　これをあなたに差し上げます．
　<small>タンド</small>

　1語，増えましたね．そのтандが「あなたに」を表す語です．「あなた」を表す語таはнが隠れている語でしたので，そのтанにдがついています．「は」の時以外はこのнが現れることが多いです．

　逆に，ほしいものがあったら相手の人に伝えてみましょう．

　**Энийг өгөөч.**　これをください．
　<small>オゴーチ</small>

　өгөөчは「ください」という意味です．「私に」と添えることで相手にさらに促してみましょう．

　**Энийг надад өгөөч.**　これを私にください．
　<small>ナダド</small>

　нададが「私に」であるとわかりますね．「私は」がби，「私を」がнамайгでした．「私を」とは共通点もありますが，やっぱり「私」は特別ですね．しかし，最後がдで終わっています．「に」の形の特徴はどうやらдにありそうです．

　ドルマーさんやドルジさんにもあげましょう．

Энийг Дулмаад өгөөрэй.　これをドルマーさんに渡してください.

Энийг Доржид өгөөрэй.　これをドルジさんに渡してください.

өгөөрэйが「渡してください」という意味を表します. その前に名前が入っています. 語の最後に注目です. いずれもдの文字で終わっています.「に」の形は基本的にдを語の最後に添えればできあがりですが,「ドルジさんに」のようにあいだにиをはさむこともあります.

そういえば, バータルさんも先ほど紹介しましたので, バータルさんにもこれを差し上げましょう.

Энийг Баатарт өгөөрэй.　これをバータルさんに渡してください.

Баатар「バータル」のようにрやс, гで終わる語には, дではなく, тがつくこともあります.「これを」の部分を具体的なものに変えても同じです.

Энэ номыг Баатарт өгөөрэй.　この本をバータルさんに渡してください.

「この本を」は「この本」にыгをつけて表します. 日本語と同じく,「バータルさんに」を先に出すこともできます.

最後に, この「に」「を」の形を含んだ慣用表現を紹介します.

Танд баяр хүргэе.　おめでとうございます.

тандが「あなたに」, баярが「喜びを」, そしてхүргэеが「届けよう」という意味です. баярは限定されていませんので,「を」を表すしっぽは何もついていません.

## 【ウランバートルに行く】

　前のページでは，「に」のかたちを見てきました．私やあなた，それにドルジなどの名前や「これ」などの語にくっついて，方向のようなものを表していました．でも，方向なら，行き先についても言いたくなります．

　**Та маргааш хаана очих вэ?**　あなたは明日，どこに行きますか．
　ター　　マルガーシ　　ハーン　　オチホ　ウェー

　маргаашが「明日」，хаанаが「どこに」です．очихは「行く」を表す語でした．
　さあ，どこに行くのでしょうか．

　**Би маргааш Улаанбаатарт очно.**
　ビー　　マルガーシ　　オラーンバータルト　　オチン

　Улаанбаатартに注目してください．これはもともとはУлаанбаатар「ウランバートル」ですね．これに「に」を表すтがついています．ですから，全体で「私は明日，ウランバートルに行きます」となるのです．
　では，「彼は明日，日本に行きます」ならどうなりますか．

　**Тэр маргааш Японд очно.**　彼は明日，日本に行きます．
　テル　　マルガーシ　　ヤポンド

　「日本」はЯпонでした．「日本に」はどういう形になっていますか．今度はтではなく，дがくっついています．「に」の形はтとдがありました．
　「に」がつく場合は，なにも方向だけとは限りません．次を見てみましょう．

　**Энэ хавьд кино театр байна уу?**
　エン　　ハウィド　　キノ　　テアトル　　バエノー

　кино театрは「映画館」のことです．байна уу? は「〜はありますか」
という表現でした．覚えていますか．さて，文頭のэнэ хавьдは何でしょ
うか．хавьは「近所」を表すことばですので，энэ хавь で「この近所」．
それにдがついています．全体で「この近所に映画館はありますか」と
いう文になっています．このэнэ хавьдは方向ではなく，場所を示す「に」
ですね．こんな答えになるかもしれません．

　Тэнд кино театр байна.　あそこに映画館があります．
　　テンド　　　　　　　バェン

　тэндは「あそこに」．あそこにあるのはものだけとは限りません．

　Тэнд Дорж байна.　あそこにドルジがいます．
　　　　ドルジ

　байнаはものが主語なら「ある」，生き物が主語なら「いる」になり
ます．「あそこに」ではなく，「ここに」ならこうなります．

　Энд кино театр байна.　ここに映画館があります．
　　エンド
　Энд Баатар байна.　　　ここにバータルがいます．

　эндが「ここに」ですね．

　方向や場所とはくくりきれない「に」の使い方もあります．

　Та автобусанд суух уу?　あなたはバスに乗りますか．
　　　アウトボサンド　　ソーホー

　суухは「座る」という意味です．автобусが「バス」で，口調上の
　ソーハ
анを置き，その後ろにдをつけるとавтобусанд「バスに」となります．
　　　　　　　　　　　　　　　　　　アウトボス
「バスに座る」ということから「バスに乗る」となります．自動車やバ
スの場合はсуухを用いて「乗る」を表します．

# これ「に」好き？

.........................................................................................................

「に」の使い方は日本語と同じように考えればいいので，面白いですね．
モンゴル語にはそれ以外にもこんなふうに「に」を使います．

**Чингис хаанд дуртай.**
チンギス　　　ハーンド　　ドルタェ

**Чингис хаан** 「チンギス・ハーン」に「に」を表す**д**がついていま
すね．では，その後ろの**дуртай**は何でしょうか．「区別のしくみ」に
でてきましたが，**дур**が「好み」でその後ろに**тай**を置くと「好みがある，
好みをもつ」という意味になるのでした．

さて，この**дуртай**ですが，前は**дуртай газар**「好きな場所」とし
てでてきましたが，名詞を説明するだけでなく，「チンギス・ハーンに
好みがある，好みをもつ」，つまり「チンギス・ハーンが好き」のよう
にも使えるのです．このようにモンゴル語では「に」の形を使いますが，
日本語では「が」になるのは面白いですね．

では，肉料理が好きならこうなります．「肉料理」は**махан хоол**です．

**Махан хоолонд дуртай.**　肉料理が好きです．
ホーロンド

**махан хоол**が**махан хоолонд**になっています．**хоол**は実は隠れ
た**н**をもつ語なので，**он**をつけたあとで「に」の**д**を添えます．最後に，
「これが好き」はどうなりますか．

**Энэнд дуртай.**　これが好きです．
エネンド

**энэнд**のもとの形は**энэ**「これ」です．**энэ**は実は隠れた**н**をもつ語
なので，「〜に」の形にするときはあいだに**н**を入れます．

.........................................................................................................

## コラム

# 自分のことを伝える

・・・・・・・・・・・・・・・・・・・・・・・・・・・・・・・・・・・・・・・・・・・・・・・・・・・・・・・・・・・・・・・・・・・・・・・・・・・・・・・・・・・・・・・・・・・・・・・・・・・・・・・・

まずは次の文を見てください.

**Би төрсөн өдөр тэмдэглэнэ.**
ビー　トルスン　オドゥル　テムデグレネ

төрсөн өдөрは「誕生日」, тэмдэглэнэ「祝う」という意味の語です.
合わせると, 「私は誕生日を祝う」という文になりそうですが, だれの
誕生日かはっきりしません. そこで, ふつうはこんなふうに表します.

**Би төрсөн өдрөө тэмдэглэнэ.**　　私は(自分の)誕生日を祝います.
オドゥロー

上と下の文でどこが変わったかわかりますか. төрсөн өдөрの өдөр
の後ろに өө というしっぽがくっついていますね. これがつくことによっ
てтөрсөн өдөр「誕生日」が「(自分の) 誕生日」であることを表して
いるのです. なお, өдөрの後ろに өө がつくと өдрөө となります.
次を見てみましょう.

**Та нутагтаа очих уу?**　　あなたは自分の故郷に帰りますか.
ター　ノトゥクタ―　オチホー
**Тэр нутагтаа очно.**　　あの人は自分の故郷に帰ります.
テル　ノトゥクタ―　オチン

нутагтааが「故郷に」, очноが「帰ります」にあたります. では,「故
郷」のもともとの語はわかりますか. нутагです. これに「に」を表す
тがついています. さて, その後ろのaaは何でしょうか. これも上で
見た「自分の」を表すしっぽです. このように前の母音が何かによって,
「自分の」を表すしっぽにはaa, оо, ээ, өө の 4 つがあります. また,
これらは「を」や「に」などを表すしっぽの後ろに置きます. 私であっ
ても, あなたや彼・彼女であっても「自分」はいつも同じ形です.

・・・・・・・・・・・・・・・・・・・・・・・・・・・・・・・・・・・・・・・・・・・・・・・・・・・・・・・・・・・・・・・・・・・・・・・・・・・・・・・・・・・・・・・・・・・・・・・・・・・・・・・・

## 【日本から来ました】

　旅の楽しみのひとつは，いろいろな人との出会いです．出会った人たちの出身地を尋ねてみましょう．

　**Хаанаас ирсэн бэ?**　どこから来ましたか．
　ハーナース　　イルスン　ベー

　ирсэнは前にでてきた語ですが，「来た」という意味でした．そうなるとхаанаасが「どこから」にあたる語のようですね．この語に似たことばを以前見たような気がします．

　**Дорж хаана байна вэ?**　ドルジさんはどこにいますか．
　ドルジ　　　ハーン　　　バェン　　ウェー

　хаанаとхаанаас，日本語では「どこに」と「どこから」，どういうしくみでしょうか．最初の質問の答えを見てから考えてみましょう．

　**Улаанбаатараас ирсэн.**　ウランバートルから来ました．
　オラーンバータラース

　ウランバートル出身のようです．「ウランバートル」はУлаанбаатарですが，後ろにaacがついています．どうやら，「～から」はaacで表すようです．最初のхаанаасはхаанаがaで終わっているので，aacではなく，見かけ上acを添えた形になっています．

　相手に聞いたら，こちらのことも伝えましょう．

　**Японоос ирсэн.**　日本から来ました．
　ヤポノース

　「日本」はЯпонですから，それにaacをつけて……．あれ，ここにはоосがついています．そう，モンゴル語は母音のグループがしっかりと分かれているのでした．Японの母音оに合わせて，ここはоос．「～から」を表すのはaacだけではなく，оосもあるのです．

こんな出身地を伝えてくれる人もいました.

**Хөвсгөлөөс ирсэн.** ホブスゴルから来ました.
ホウスゴロース

ホブスゴルはモンゴルの中央北部にあり,南北に広い大きな湖で有名な県です. バイカル湖に次いで世界で2番目に透明度の高い湖です. ホブスゴルは**Хөвсгөл**という表記ですが,「ホブスゴルから」はどうなっていますか. **Хөвсгөл**は**ө**という母音が含まれているので,「～から」のしっぽも**ө**を含んだ**өөс**になります. もしホブスゴルのことを知らなかったら,地図を指さしてこう言ってくれるかもしれません.

**Эндээс ирсэн.** ここから来ました.
エンデース

**эндээс**が「ここから」にあたる語ですね.「ここに」は**энд**でした.
　　　　　　　　　　　　　　　　　　　　　　　　　　　　　エンド
この**энд**は**э**を含むもので,「～から」は**ээс**になるのです.

さて,ここからどこまで行くのでしょうか.

**Говь хүртэл явна.** ゴビ地方まで行きます.
ゴウィ　フルテる　ヤウン

**Говь**がゴビ地方を表す語でしたね. **явна**が「出かける」を表します. そのあいだにある**хүртэл**は何でしょうか. 日本語訳から判断すると,「～まで」でしょうか. そう,**хүртэл**は「～まで」を表します. ただ,これまでの「～から」や「～に」などと違い,語の後ろにくっつけるのではなく,離して置きます. 前に見た「～から」もつけてみましょう.

**Улаанбаатараас Говь хүртэл явна.**
ウランバートルからゴビ地方まで行きます.

## 【モンゴル語で話す】

前のページで見た文です.

Говь хүртэл явна.　ゴビ地方まで行きます.
ゴウィ　フルテる　ヤウン

では, どうやってゴビ地方まで行きましょうか.

Говь хүртэл автобусаар явна.　ゴビ地方までバスで行きます.
アウトボサーる

автобусаарという語が加わりました. これが「バスで」にあたる語
ですね. では, バスを表すもともとの語は何でしょうか. それを見る前
に, 実際にはこうやって行くことが多いでしょう.

Говь хүртэл онгоцоор явна.　ゴビ地方まで飛行機で行きます.
オンゴツォーる

онгоцоорが「飛行機で」にあたる語のようです.「バスで」と「飛行
機で」の形からしくみを考えてみましょう. 共通しているのは何ですか.
一番最後のрと, その前に同じ母音が2つつづいているのも同じですね.
　これまで見てきたように, モンゴル語には母音のグループがあり, 同
じ意味を表すものでもいくつか形がありました. この手段を表す「～で」
も同様に, 4つのグループがあるのです. аар, оор, ээр, өөр. で
すから, もとの語はавтобус「バス」, онгоц「飛行機」になります.
　　　　　　　　　　アウトボス　　　　　　オンゴツ
何を使って行くのか聞きたいときはこうなります.

Говь хүртэл юугаар явах вэ?　ゴビ地方まで何で行きますか.
ユーガーる　ヤワホ　ウェー

юугаарが「何で (何を用いて)」を表します. もとの語はわかりま
すか. аарを外したюуг? いいえ, юуが「何」を表す語です. この
　　　　　　　　　　　　　　　　　　　　ユー
場合, つなぎのгを添えてからаарをつけます.

「〜で」は手段を表すばかりでなく，道具を表すこともできます。

Халбагаар иднэ.　スプーンで食べる。
ハルバガール　　イドゥン

иднэが「食べる」で，その前のхалбагаарが「スプーンで」。「スプーン」
にあたる部分はわかりますか。халбагаです。このようにаで終わる語
はаарではなく，見かけ上арを後ろに添えた形になっています。今度
は何かを書いてみましょう。

Харандаагаар бичнэ.　鉛筆で書く。
ハランダーガール　　ビチン

「書く」はбичнэです。その前にあるхарандаагаарが「鉛筆で」と
なりますが，「鉛筆」という語はわかりますか。これはちょっとむずか
しいです。харандааが「鉛筆」になります。それにаарがついている
と思ったら，その前にгがあります。юуと同じく，長い母音で終わる
語はгをあいだにはさむのです

道具といっても，手を使うものばかりとはかぎりません。

Монгол хэлээр ярина.　モンゴル語で話す。
モンゴる　　ヘレール　　ヤリン

яринаが「話す」。「モンゴル語で」にあたるのがмонгол хэлээрです。
「モンゴル語」はこれまで何度かでてきましたが，монгол хэлになり
ますので，「〜で」の部分はээрであるとわかります。

なお，「モンゴル語で話す」は次のようにхэлを省略し，монголに
「〜で」を表すしっぽがつくこともよくあります。

Монголоор ярина.　モンゴル語で話す。
モンゴロール

## 【ドルジさんと一緒に】

もう一度，この文を見てください.

**Говь хүртэл явна.** ゴビ地方まで行きます.
ゴウィ　　フルテる　　ヤウン

ところで，だれと行くのでしょうか.

**Говь хүртэл Оюунтай явна.** ゴビ地方までオユンさんと行きます.
オユンタェ

オユンさんと一緒に行くのですね. **Оюунтай**の部分に注目です. オ
ユンさんは**Оюун**なので，**тай**の部分が「～と一緒に」という意味にな
ることがわかります.
では，オユンさんではなくドルジさんとの旅ならこうなります.

**Говь хүртэл Доржтой явна.** ゴビ地方までドルジさんと行きます.
ドルジトェ

**Доржтой**の箇所を見てみましょう. 今度は**тай**がついていません.
**Дорж**の後ろには**той**が添えられています. もう，このしくみには慣れ
ましたね. モンゴル語では母音のグループによって同じ意味を表すしっ
ぽにもバリエーションがあるのでした.
となると，まだあるはずです.

**Говь хүртэл ээжтэйгээ явна.** ゴビ地方まで母と行きます.
エージテーゲー

今度は親子での旅ですね. 「母と」の部分はわかりますね. でも，こ
んどは何だかちょっと長い気がします. **ээжтэйгээ**をよく見ると，**тай**
や**той**のバリエーションである**тэй**があります. その前の**ээж**「母」の
母音が**э**なので,**тэй**になっているのでしょう. では,最後の**ээ**は何でしょ
うか. 前にコラムで見た形なのですが，**ээжтэйгээ**は「自分の母と一

緒に」という意味なのです. тэйとээのあいだにはつなぎの г を添えます.

なお,「〜と」を表すしっぽですが, тай, той, тэйのみになります. これまでは4種類あるものが多かったですが, この場合төйというしっぽはふつう用いられません.

さて,「〜と」ですが, 次の文はどういう意味になるでしょうか.

Маргааш Доржтой уулзана.　明日, ドルジさんと会います.
マルガーシ　　　　　　　　　　　オーるザン

маргаашは「明日」, уулзанаは「会う」を表します. ドルジさんと一緒に明日, だれかに会うのでしょうか. その可能性もなくはありませんが, もっぱら「明日, (私は) ドルジさんと会う」という意味になります. このтойは「〜と一緒に」だけではないのです. 日本語では,「明日, ドルジさんに会う」とも言えますが, モンゴル語では「に」にあたるしっぽではなく,「〜と (一緒に)」にあたるしっぽをつけてしか表すことができません.

最後に,「あなたと」と「私と」の形を見てみましょう.

Маргааш Дорж тантай уулзана.
　　　　　ドルジ　　タンタェ　　オーるザン
明日, ドルジさんはあなたと会います.

тантайの部分が「あなたと」を表すとわかりますね.
次に「私と」です.

Маргааш Дорж надтай уулзана.
　　　　　　　　　　ナドゥタェ
明日, ドルジさんは私と会います.

надтайが「私と」にあたります.

## 【私に聞いてください】

　前に，「〜が好き」という表現の時に，モンゴル語では「〜に」の形
を使うことを見ましたが，ここでは口本語の訳語とはすこし違う「てに
をは」の使い方の例をまとめてみましょう．まずは次の文から．

　**Доржоос асууя.**　ドルジさんに聞こう．
　　　ドルジョース　アソーイ

　асууяはасуух「尋ねる，聞く」の「〜しよう」の形です．日本語では「ド
ルジさんに」という形になっていますが，モンゴル語ではどうでしょう
か．Доржоосのもとの形はДоржですから，それにоосがついています．
この形は前にこんな例で見ました．

　**Японоос ирсэн.**　日本から来ました．
　　　ヤポノース　イルスン

　「〜から」という意味を表すоосですね．ということは，ひとつ前の
文は「ドルジさんから聞こう」となりそうです．「ドルジさんから話を
聞く」と考えれば納得ですね．次はどうでしょう．

　**Танаас асууж болох уу?**　あなたに聞いてもいいですか．
　　　タナース　アソージ　ボるホー

　асуухをасуужに変えて，そのあとにболох уу? を置くと「聞いて
もいいですか」となります．その前のтанаасが「あなたから」の形です．
「あなたに」はтандでしたから，つい間違えてしまいそうですね．
　　　　　　　　タンド
　さて，相手はどう答えてくれるでしょう．

　**Та надаас асуугаарай.**　私に聞いてください．
　　　ター　ナダース　アソーガーラェ

　асуугаарайはасуухの丁寧なお願いの形です．таは「あなたは」で
すので，надаасが「私に」にあたる「私から」の形です．

では，今度はドルジさんからモンゴル語を教わってみましょう．

**Доржоор монгол хэл заалгасан.**
ドルジョール　モンゴる　へる　ザーるガスン

монгол хэлが「モンゴル語」ですね．その次のзаалгасанは，заах「教える」ザーハからxをとり，その代りに「～してもらう」を表すлгаと，過去を表すсанをつなげたものです．ですから，заалгасанで「教えてもらった」．さて，一番前のДоржоорはどうでしょうか．前にこんな文を見ました．

**Говь хүртэл онгоцоор явна.**　ゴビ地方まで飛行機で行きます．
ゴウィ　フルテる　オンゴツォール　ヤウン

このонгоцоор「飛行機で」と同じоорがついています．となると，ひとつ前の文はこうなります．「ドルジさんによってモンゴル語を教えてもらった」，つまり「ドルジさんにモンゴル語を教えてもらった」．人に何かをしてもらうときは，「～で」の形を用いるのです．

**Надаар монгол хэл заалгамаар байна уу?**
ナダール　ザーるガマール　バェノー

заалгамаар байна уу? ですが，「教えてもらう」を意味するзаалгаに，「～したいですか」のмаар байна уу? がつづいています．надаарはаарがついていますので「～で」の形ですね．надの部分がнадад「私に」，надаас「私から」ナタドと共通しますので，надаарは「私によって」だとわかります．「私にモンゴル語を教えてもらいたいですか」となります．是非お願いしたいときはこんな答えになるでしょう．

**Танаар монгол хэл заалгамаар байна.**
タナール
あなたにモンゴル語を教えてもらいたいです．

танаарが「あなたによって」を表します．

## 【車の上，車の下】

前にこんな文を見たのを覚えていますか.

Тэнд кино театр байна.　あそこに映画館があります.
テンド　キノ　テアトル　バェン

場所を表す表現でした. では,「あそこに」を「あの建物に」として
みましょう.「建物」はбайшинです.
バェシン

Тэр байшинд кино театр байна.　あの建物に映画館があります.
テル　バェシンド

тэр байшиндが「あの建物に」です. байшинに場所を表すд「〜に」
がついています. 建物の前には車が停まっています. よく見ると, 何か
がいるようです. 何でしょうか.

Тэр машин дээр муур байна.
マシン　デール　モール

машинが「車」で, муурが「ネコ」のこと. では,「あの車」のど
こにネコがいるのでしょうか. дээрという語に注目です. これは「〜の
上に」を表します. となると, 上の文は「あの車の上にネコがいます」
という意味になります.

おやっ, 車の下にも何かいます.

Тэр машин доор нохой байна.
ドール　ノホェ

前の文でдээрがあった場所にдоорが入っています. このдоорが
「〜の下に」を表すのがわかります. では, 車の下には何がいるのでしょ
う. нохойです. これは「犬」のことです. モンゴル語では, 場所を
表す「〜に」も, さらに限定的な場所を表す「〜の上に」「〜の下に」も,
同じく名詞の後ろに置きます. ただ,「〜の上に」「〜の下に」などの限

定的な場所を示す語は，名詞にくっつけずに，離して書きます．

　ところで，その車のなかにはだれかいますか．

## Тэр машин дотор олон хүн байна.
あの車のなかにはたくさんの人がいます．

　олон хүнは「たくさんの人」でした．あと変わったところがдотор
ですね．доторが「〜のなかに」を表します．１台の車のなかにたくさ
んの人がいるようです．あれ，車の前にも人がいるようです．

## Тэр машины өмнө хэн байна вэ？　あの車の前にはだれがいますか．

　өмнө が「〜の前に」です．「あの車」の形をよく見てください．こ
れまでとすこし変わっています．машиныはмашинにыがついた形
です．машиныは「車の」という意味を表します．このように場所を
表す表現の場合,「〜の」などのしっぽがつく形をとるときもあるのです．

　あの車の前にいる人についてドルジさんに聞いてみましょう．

## Доржоос тэр хүний тухай асууя.
ドルジさんにあの人について聞こう．

　Доржоосは「〜から」の形ですが，Доржоос асууя. で「ドルジ
さんに聞こう」となるのでした．そのあいだにあるтухайが「〜につ
いて」を表す語です．このтухайは「〜の」の形を必要としますので,「あ
の人」はтэр хүнийとなっています．

## ドルジさんのうちに行く

　ここまでいろいろな「てにをは」を見てきました．モンゴル語と日本語の似ているところ，異なるところがあることがわかりました．では，こんな場合はどうでしょうか．

**ахынд**
アヒンド

　いくつかの部分に分解できそうですので，分けながら意味を考えていきましょう．後ろから見てみましょう．最後のдは場所などを表す「〜に」でした．その前はどう分けられますか．ынもなじみのあるまとまりですね．これは「本の歴史」などにでてきた「〜の」の形でした．よって，残るはах．これは「兄」という意味でした．全体で，「兄のに」？「兄の場所」と考えるとわかりやすいかもしれません．「兄のところに」という意味になります．このように，モンゴル語では「てにをは」を表すしっぽが2つつづくこともあるのです．日本語でもありますから理解しやすいですね．次はよく使う表現です．

**Өчигдөр Доржийнд очсон.**　昨日，ドルジさんのうちに行った．
オチグドゥル　　ドルジーンド　オチスン

　өчигдөрが「昨日」，очсонが「行った」です．Доржийндに注目してください．もとの語はДоржですが，それに「〜の」と「〜に」のしっぽがくっついています．この文は次のようにも書き換えられます．

**Өчигдөр Доржийн гэрт очсон.**
ドルジーン　ゲルト

　гэрが「家」で，それに「〜に」を表すтがついています．гэрがрで終わっているので，дではなく，тがついているのです．

**コラム**

## バータルさんも知っています

...........................................................................................................

「てにをは」ではありませんが, ここで「〜も」の使い方も見てみましょう.

Би монгол хүн биш.　私はモンゴル人ではありません.
<small>ビー　モンゴる　フン　ビシ</small>

前に見た文ですが, 「私は」ではなく, 「私も」としてみましょう.

Би бас монгол хүн биш.　私もモンゴル人ではありません.
<small>バス</small>

биの後ろにあるбасが「〜も」を表す語です.
では, 次はどうでしょう.

Би Доржийг танина.　私はドルジさんを知っています.
<small>ドルジーグ　　タニン</small>

Доржийгが「ドルジさんを」を表す形でした. でも知っているのは
ドルジさんだけではありません.

Би Баатарыг бас танина.　私はバータルさんも知っています.
<small>バータリーグ</small>

ここでもБаатарыгの後ろにбасを置きます.
「〜も」を表すのはбасだけではありません.

Тэр машины өмнө хэн ч байхгүй.
<small>テル　　マシニー　　オムヌ　　ヘン　チ　　バェハグイ</small>
あの車の前にはだれもいません.

「だれも」は, 後ろに否定のことばがくる場合, хэн чになります.

...........................................................................................................

# 4 数のしくみ

## 【0〜10】

　ここからはモンゴル語で使う数字を見ていきましょう．まずは最初の
3つの数字から挙げてみます．

0　тэг　　　　1　нэг　　　　2　хоёр
　　テグ　　　　　　ネグ　　　　　　ホヨル

　数字を読み上げたり，カウントダウンをするときにこの数字は用いら
れます．数や量を表すときはこうなります．

тэг хэм　　　0度(気温)　　　　　нэг жил　　　1年間
　　　ヘム　　　　　　　　　　　　　　　　　ジル
хоёр хүн　　2人
　　　　フン

　хэмが「(気温の)〜度」，жилが「〜年間」，хүнが「〜人」です．тэг「0」
やнэг「1」，хоёр「2」は名詞の前に置いてその数量を示します．
　では，もうすこし大きな数を見てみましょう．

3　гурав　　　4　дөрөв　　　5　тав
　　ゴロウ　　　　　　ドルウ　　　　　　タウ
6　зургаа　　7　долоо　　　8　найм
　　ゾルガー　　　　　ドろー　　　　　　ナェム
9　ес　　　　10　арав
　　イュス　　　　　　アろウ

　「9」は［イュス］，「3」と「10」は［ゴロウ］［アろウ］という発
音になります．前の0，1，2と同じく，数え上げたり，カウントダウン
する場合に用いられますが，数量を示すときには，形がすこし変わりま
す．

гурван хэм　　3度(気温)　　　арван хэм　　10度(気温)
　ゴルワン　　　　　　　　　　　　アルワン
таван жил　　5年間　　　　　　найман жил　　8年間
　タワン　　　　　　　　　　　　　　ナェマン
зургаан хүн　6人　　　　　　　долоон хүн　　7人
　ゾルガーン　　　　　　　　　　　ドろーン

前に示した数字と形がすこし変わっています．гурванやарванは
гурав「3」やарав「10」のавがваになりнがついています．таван
やнайманはтав「5」やнайм「8」にанが，зургаанやдолоонは
зургаа「6」やдолоо「7」にнが添えられています．いろいろな変
化をしていますが，どれもнがつくのは共通していますね．また，モン
ゴル語には母音のグループというものがありました．「9」にはその影
響もあります．

 есөн хүн　9人
イュスン

есөнはес「9」に өнがついています．「5」や「8」ではанがつづ
いていましたが，「9」は өнになるのです．「4」はこうなります．

дөрвөн жил　4年間
ドルウン

дөрөвに өнがつくとдөрвөнとなります．
なお，日付を言うときは，「1」や「2」もнがつく語に変わります．

Өнөөдөр нэгэн.　今日は1日です．
オノードゥル　ネゲン
Өнөөдөр хоёрон.　今日は2日です．
ホヨロン

өнөөдөрが「今日」．нэгэнがнэг「1」にэнがついた語，хоёрон
がхоёр「2」にонがついた語です．

## 【時刻のしくみ】

モンゴル語の数字は2種類あることがわかりました．それにしてもモンゴル語にはHが隠れている語があったり，Hの話題が多いですね．

さて，数字と言えば，大切なのが時刻の表現ですね．

Одоо хэдэн цаг болж байна?
オトー　ヘドゥン　ツァグ　ボルジ　バエン

одооが「いま」，хэдэн цагが「何時」，болж байна? が「〜になっていますか」という意味です．болж байнаのболжはболох「〜になる」という形で辞書に載っています．хэдэн цагはхэдэнとцагに分けられます．цагは「時」で，хэдэнはхэд「いくつ」にэнを添えたものです．これで「いま，何時ですか」となるのです．

Арван цаг болж байна.　10時です．
アルワン

хэдэнの部分を数字に置き換えればいいのです．そういえば，まだ10までの数字しか登場していませんでした．「時刻」なら少なくとも12までは必要ですね．

Арван нэгэн цаг болж байна.　11時です．
ネゲン
Арван хоёр цаг болж байна.　12時です．
ホヨル

「11時」がарван нэгэн цаг，「12時」がарван хоёр цагです．「10」の後ろに「1」や「2」を置くだけですね．これは「19」まで同じです．ただ，気をつけなければならないのが，その形．「11時」はHつきの数詞，「12時」はHなしの数詞です．このように後ろに名詞がくる場合，下一ケタが「2」の場合以外はHがつく数字になるのです．

24時間制の場合，20以上も必要になります．「20」と「21」の数字

を挙げてみましょう.

20　хорь/хорин　　　21　хорин нэг/хорин нэгэн
　　　ホリ　ホリン　　　　　　　　　　　ネグ　　　ネゲン

それぞれ左がнなしの数詞, 右がнつきの数詞です.「21」以降は下一ケタの部分を「1」から「9」に変えればできあがりです.

Хорин хоёр цаг болж байна.　　22時です.

Хорин дөрвөн цаг болж байна.　24時です.
　　　ドルウン

「22時」はнなし,「24時」はнつきです.

さて, 時刻がわかったら, 予定を立ててみませんか.

Хэдэн цагт уулзах вэ?　何時に会いましょうか.
ツァクト　オーるザハ　ウェー

уулзах вэ? が「会いましょうか」を表しています. その前の語に注目です.「何時に」を表すのはこの部分ですね. хэдэн цагтとあります.「いま, 何時ですか」の文をもう一度見てみましょう.

Одоо хэдэн цаг болж байна?　いま, 何時ですか.

「何時」にあたるのはхэдэн цагです.「何時に」の形とはどう違いますか. そう, цагの最後にтがついているのが「何時に」です. そういえば「～に」を表すのはдまたはтでした. このような時刻を表す「～に」も同様に考えるのです. цагтは[ツァクト]です.

では, 3時に会いませんか.

Гурван цагт уулзъя.　3時に会いましょう.
ゴルワン　　オーるザイ

уулзъяが「会う」の「～しましょう」の形です.

## 【いくらですか】

　数字を使う表現で，時刻とともに大切なのが，お金にまつわる言い回しですね．毎日の生活に欠かせないこの表現から見てみましょう．

　**Ямар үнэтэй вэ?** 　いくらですか．
　　ヤマル　　ウンテー　　ウェー

　үнэтэйは「おいしい」「面白い」「好きな」などの語と同じく，**тай/той/тэй**「～がある，～をもつ」を伴っています．үнэは「値段」で，ямарは「どんな」の意味ですから，直訳すると「どんな値段をもっていますか」となります．面白い言い方ですね．

　値段の言い方はどのようになりますか．そのまえに，まだ「24」までしか登場していませんでしたので，もうすこし大きな数字を見てみましょう．30 ～ 90 までの言い方から．

| | | | |
|---|---|---|---|
| 30 | гуч/гучин<br>ゴチ　　ゴチン | 40 | дөч/дөчин<br>ドチ　　ドチン |
| 50 | тавь/тавин<br>タウィ　タウィン | 60 | жар/жаран<br>ジャル　ジャラン |
| 70 | дал/далан<br>ダル　　ダラン | 80 | ная/наян<br>ナイ　　ナイン |
| 90 | ер/ерэн<br>イェル　イェルン | | |

　どの数も左がнなし，右がнつきの数詞です．下一ケタのつづけ方は「10」「20」のときと同じです．

　99 　ерэн ес
　　　イェルン　イユス

　「90」と「9」とではeの発音やнの前にくる母音字が異なります．
100 以上はどうでしょうか．

| | | | | | |
|---|---|---|---|---|---|
| 100 | зуу<br>ゾー | 200 | хоёр зуу<br>ホヨル　ゾー | 300 | гурван зуу<br>ゴルワン　ゾー |

　200 は「2」と「100」を並べるだけですね．でも，300 はすこし違います．нつきの「3」に「100」がつづいています．400 から 900 もこの 300 と同じようにнつきの数詞に「100」が添えられます．つづいて 1000 です．

1000　мянга
　　　　ミャンガ

　モンゴルの通貨単位はтөгрөг「トゥグリグ」です．日本円にすると，1000 トゥグリグはおよそ 40 円です．

　Мянган төгрөг.　1000 トゥグリグです．
　ミャンガン

　мянганが「1000 トゥグリグ」のときの「1000」ですが，数え上げるときなどはнを外したмянгаになります．「2000」「3000」も見てみましょう．

　Хоёр мянган төгрөг.　　2000 トゥグリグです．
　Гурван мянган төгрөг.　3000 トゥグリグです．

　2000 と 3000 は 200 と 300 の違いと同じです．「2」にかかわる言い方はいつも変わりものなのですね．

　最後に年号を見てみましょう．モンゴル帝国は 1206 年にチンギス・ハーンによって興されました．モンゴルにとっては大切なこの年をモンゴル語で言ってみましょう．

　мянга хоёр зуун зургаан он　1206 年
　　　　　　ゾーン　ゾルガーン　　オン

　онが「年」です．зуун「100」とзургаан「6」のところがнつきになります．

# 順番を表す

.................................................................................

いろいろな数字を見てきましたが，「～番目の」などの言い方はどのようになるのでしょうか．өдөр「日」を使ってみましょう．
オドゥル

**нэгдэх өдөр**　　　　　　**хоёрдахь өдөр**
ネグドゥヘ　　　　　　　　　ホヨルダヒ

数詞「1」「2」がもとになっているのがわかりますね．дэхやдахь
がつくことで「何番目の」という表現になります．意味は「1番目の日」「2
番目の日」にもなりますが，「月曜日」「火曜日」の意味で使われること
が多いでしょう．гуравдахь「3番目の」がくれば水曜日，дөрөвдөх
「4番目の」やтавдахь「5番目の」なら，木曜日や金曜日です．　ドルウドゥホ

でも，土曜日や日曜日はまったく別の言い方になってしまいます．
タウダヒ

**хагас сайн өдөр**　　土曜日（半分よい日）
ハガス　　サェン
**бүтэн сайн өдөр**　　日曜日（完全によい日）
ブトゥン

面白い表現ですね．順番を表す言い方はもうひとつあります．

**нэгдүгээр хороолол**　　1丁目　　**хоёрдугаар хороолол**　　2丁目
ネグドゥゲール　　ホローろる　　　　　　ホヨルドガール

дүгээрやдугаарが数詞の後ろにつづいています．この2つは前の語
の母音によってどちらかになります．хороололが「地区，区画」を表
します．今度はсар「月」を用いた表現です．
サル

**нэгдүгээр сар**　　　　　　**хоёрдугаар сар**

「1番目の月」「2番目の月」という文字どおりの意味にはならず，「1
月」「2月」というカレンダーの月の名として用いられます．

.................................................................................

## コラム

## いろいろな数

．．．．．．．．．．．．．．．．．．．．．．．．．．．．．．．．．．．．．．．．．．．．．．．．．．．．．．．．．．．．．．．．．．．．．．．．．．．．．．

　モンゴル語には数にまつわるさまざまな表現があります．最後にそれらを紹介していきましょう．

　ここでは「2」と「4」を素材にしていきます．「2」はхоёр，「4」はдөрөвでした．
ホヨル　　　　ドルウ

　「2つだけ」や「4人だけ」などの表現はモンゴル語ではそれぞれたったの1語で表すことができるのです．

　　хоёрхон　2つだけ，2人だけ　　　дөрөвхөн　4つだけ，4人だけ
　　ホヨルホン　　　　　　　　　　　　　　ドルウホン

　「2」や「4」の後ろにхон，хөнが添えられているのがわかりますか．モンゴル語は母音の仲間によって4つのバリエーションがありますから，このほかにхан，хэнというしっぽもあります．

　次に，「4つとも」という言い方を見てみましょう．

　　дөрвүүл　4つとも，4人とも
　　ドルウール

　これも1語ですね．「4」の形がすこし変わっていますが，後ろにүүлを置くことで，「～とも」という意味になります．

　では，「2つとも」はどうでしょうか．

　　хоёул　2つとも，2人とも
　　ホヨール

　これは「4」とは異なるしくみでできています．やっぱりモンゴル語では「2」は変わりものですね．

．．．．．．．．．．．．．．．．．．．．．．．．．．．．．．．．．．．．．．．．．．．．．．．．．．．．．．．．．．．．．．．．．．．．．．．．．．．．．．

# 5 実際のしくみ

## 【「白い頭」のしくみ】

さて，ここからはこれまで見てきたモンゴル語のしくみが実際にどのような形で表れているかを図版などをとおして確認していきましょう．

早速，右ページの図版をご覧ください．モンゴルの小学校で使われている教科書です．どの言語もそうですが，まずはその言語で使う文字の読み書きを覚えなければなりません．

大きく掲げられている語に注目してください．

### ЦАГААН ТОЛГОЙ
ツァガーン　　　　トるゴェ

цагаанは「白い」，толгойは「頭」です．モンゴル語の形容詞は名詞の前にそのまま置けばよいのでした．ところで，「白い頭」とは何でしょうか？　その由来ははっきりしないのですが，この「白い頭」が文字のアルファベットのことを表しているのです．面白いですね．

その下にすこし小さく書かれた次の語は何と書いてあるのでしょうか．

### НЭГДҮГЭЭР АНГИД ҮЗНЭ
ネグドゥゲール　　アンギド　　ウズン

最初のнэгдүгээрはнэг「1」にдүгээрがついて，「1番目の」を表すことを覚えていますか．何が1番目なのでしょうか．となりの語を分析してみましょう．ангидはанги「クラス」という語がもとになっています．「1番目のクラス」だったのですね．では，анги「クラス」の後ろについているдは何でしょうか．これは場所を表す「〜に，〜で」でした．

最後にүзнэですが，これはүзэхの形で辞書に載っています．「勉強する」という意味です．үзэхのэхがнэに変わっていますね．このнэはこれからのことを表す「しっぽ」でした．これで全部わかりましたね．「1

番目のクラスで勉強する」,つまり「1年生で勉強する」ということです.
この教科書が1年生のものであるとわかります.

С. ШАРАВ, Д. ЦЭРЭНДАГВА

ЦАГААН
ТОЛГОЙ

НЭГДҮГЭЭР АНГИД ҮЗНЭ

ГУРАВ ДАХЬ ХЭВЛЭЛ

БНМАУ
АРДЫН БОЛОВСРОЛЫН ЯАМНЫ ХЭВЛЭЛ
УЛААНБААТАР ▲ 1978

## 【教科のしくみ】

　ここでも学校の教科書を素材に，モンゴル語のしくみを解読していきましょう．まずは，右ページの左上の教科書から．

### МОНГОЛ ХЭЛ
モンゴる　　へる

ずばり「モンゴル語」ですね．монгол「モンゴルの」, хэл「言語」です．次に，その右にあるのは何の教科書でしょうか．

### Унших бичиг 1
オンシホ　　ビチク　ネグ

уншихは「読む」という動詞です．xで終わっているので辞書に載っている形ですね．後ろのбичигは「書物」．合わせて「読む書物」，つまり読本のことです．「読本 1」．モンゴル語では名詞を修飾するとき，動詞を辞書に載っている形のまま使えるのでした．日本語と同じです．

　最後に，右ページの下にある階段状のイラストを見てください．これは音楽の教科書に載っているものですが，何を意味するかわかりますか．一番下の段と一番上の段の文字が同じですね．ゆっくり読むとわかります．そう，「ドレミファソラシド」がモンゴル語で記されているのです．ただし，「ソ」と「ラ」には注意してください．сольとляになります．
　　　　　　　　　　　　　　　　　　　　　　　　　　ソり　　りゃ
　右上のト音記号にも注目してみましょう．その横になにやら説明があります．

### Энэ тэмдгийг соль түлхүүр гэдэг.
エン　テムドゥギーグ　　　トゥるフール　ゲデク

энэ тэмдгийгのもとの形はэнэ тэмдэг「この記号」．これに「〜を」
　　　　　　　　　　　　　　　　　テムデク
のしっぽをつけたのがэнэ тэмдгийгです．сольは「ソ」でした．次のтүлхүүрは「鍵」です．最後のгэдэгは「〜と言う」という意味です．

　全体で,「この記号は『ソ』鍵と言う」という意味になります. ト音
記号のことをモンゴル語では「ソ」鍵と言うのですね.

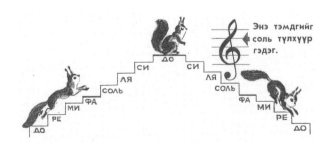

## 【新聞のしくみ】

ここではモンゴルの新聞を見てみましょう.

まずは右ページ一番上の新聞から. 英語もでているので意味はなんとなくわかりますね. でも, モンゴル語に注目して, 「しくみ」を確認してみましょう.

### ӨДРИЙН СОНИН
オドゥリーン　　　ソニン

Өдрийнはもとの形が ӨдӨр「日」です. 後ろにийнがつくともとのつづりがすこし変わります. さて, ийнというしっぽに見覚えはありませんか. そう, 「〜の」という「てにをは」を表すしっぽです. 後ろの сонинは「ニュース」のことなので, 合わせると「日々のニュース」といったところでしょうか. 英語と同じですね.

では, その下の新聞のタイトルを見てみましょう.

### АРДЫН ЭРХ
アルディン　　エルヘ

こちらも2つの語でできています. ардынはардにынがくっついています. ардは「国民」という意味です. ынはわかりますか. そう, これも「〜の」を表すしっぽです. その使い分けはもとの語にどのような母音が入っているかで区別します. ここはaを含むのでынをくっつけます. 後ろのэрхは「権利」という意味です. よって, これは「国民の権利」.

この「国民の権利」紙のなかを見ると, 右下の天気予報がありました.

### ӨДРИЙН ЦАГ АГААР
ツァグ　　　アガール

Өдрийнは ӨдӨр「日」+ийн「〜の」, цаг агаарは2語で「天気」という意味です. この天気予報を読むと, 東京はこの日, 雨で, 20度の予報でした. 実際はどうだったのでしょうか.

**Daily News**
# ӨДРИЙН СОНИН

МОНГОЛЫН ҮНДЭСНИЙ ӨДӨР ТУТМЫН ХЭВЛЭЛ

2000.12.16 БЯМБА. № 296 (549)    Үнэ 300 төг

Аллага хядлага, хүчирхийллийг задгай цацвал ард түмний зан заншил, хүмүүсийн итгэл үнэмшил, өсвөр үеийн хүмүүжилд асар их хортой, улс орны аюулгүй байдалд ч сөрөг нөлөөтэй.

VII НҮҮРТ

МОНГОЛ УЛСЫН ТӨРИЙН ТОО ХЭВЛЭЛ

# АРДЫН ЭРХ

1998 оны дөрөвдүгээр сарын 25. БИМБА. №096 (1875)    Хуалдах үнэ 150 төгрөг

✦ ХОЁР НАРНЫ ХООРОНД ✦

**УИХ-ын гишүүнийг барьцаална гэнхээ**

**Шинэ Засгийн газрын талаар санал солилцлоо**

**Соёлын санд үнэт зургуудыг шилжүүлэв**

**Та шагналаа авахаа мартаагүй биз**

---

## ☂ ӨДРИЙН ЦАГ АГААР

Нутгийн хойд хэсгээр үүлэрхэг, бага зэргийн хур тунадас орно. Бусад нутгаар багавтар үүлтэй, хур тунадас орохгүй. Салхи баруунаас 5-10, зарим газраар 12-14 м/сек хурч ширүүснэ. Алтай, Хангай, Хөвсгөлийн уулархаг нутгаар 5-10, говийн нутгаар 13-19, бусад нутгаар 8-13 хэм дулаан байна.

Улаанбаатарт үүлшинэ, хур тунадас орохгүй, салхи баруунаас 6-11 м/сек, 11-

13 хэм дулаан байна.
Цаг уурч Г.ГААДМАА

| | | |
|---|---|---|
| Бээжин | ☀ | +10°C |
| Москва | ☀ | +3°C |
| Сөүл | ☀ | +21°C |
| Токио | 🌧 | +20°C |
| Берлин | ☀ | +10°C |
| Улаан-Үд | ☁ | -1°C |
| Эрээн | ☀ | +2°C |
| Хөх хот | ☀ | +2°C |

## 【なぞなぞのしくみ】

ここではモンゴル語の「なぞなぞ」を紹介しましょう．なぞなぞの例に入る前に，まずはなぞなぞが載っている本のタイトルを紹介しましょう．

### монгол ардын оньсого цэцэн үг
モンゴる　　アルディン　　オニソゴ　　ツェツェン　ウグ

２番目の語は「新聞のしくみ」でもでてきたものですね．монгол ардынで「モンゴル民衆の」．その後ろのоньсогоはまさにここで扱う「なぞなぞ」，そして最後のцэцэн үгは「賢明なることば」，つまりことわざのことです．よって，「モンゴル民衆のなぞなぞとことわざ」というタイトルの本です．

では，まずはこのなぞなぞから．

### мөнх далайд мөнгөн загас хөвнө
モンヘ　　ダらぇド　　モンゲン　　ザガス　　ホウン

мөнх далайдのмөнхは「永遠の」，далайдはもとの形がдалай「海」で，それに場所を表すд「〜に」がついています．その後ろのмөнгөн загасは「銀色の魚」です．хөвнө はхөвөх「浮かぶ」のнө で終わる
ホウホ
形です．さて，「永遠の海に銀色の魚が浮かぶ」とは何のことでしょうか．

この答えは「空に浮かぶ月（cap）」です．とても詩的な表現ですね．
サル
では，次はどうでしょう．

### мөсөн дээр мөнгөн аяга
モスン　　デール　　モンゲン　　アヤガ

最初のなぞなぞと共通する語もありますね．まずは最初のмөсөнは辞書にはмөс「氷」で載っています．それの「〜の」の形がмөсөんで
モス
す．隠れていたнを含む語のようです．その後ろのдээрは「〜の上に」．

ですからмөсөн дээрで「氷の上に」となります. мөнгөн аягаはどうでしょう. мөнгөнは「銀色の」でした. аягаは「器」という意味です. このなぞなぞは「氷の上に銀色の器」, 日本語のなぞなぞふうにすると, 氷の上に銀色の器, なあ～んだ.

　答えは, 上のなぞなぞと同じです. 月です. モンゴル人にとっては, 月は魚や器に見えるのでしょうか.

　最後のもうひとつ.

авдар дээр алтан аяга
アウダル　　　アルタン

　前のなぞなぞと2番目と4番目の語が共通しています. 一番最初のавдарは大きな収納箱のことです. もうひとつのалтанはмөнгөнと対になることばです. мөнгөнが「銀色の」なので, おのずとわかりますね. そう, алтанは「金色の」ということ. このなぞなぞを整理しましょう. 「箱の上に金色の器」. さて, これは何を表しているのでしょうか.

　алтанはмөнгөнと対になることばとお伝えしましたが, この答えも前のなぞなぞと対になるものです. 上が「月」ならば, これは..., そう, 「太陽」(нар) です.
　　　　　　　ナル

## 【子ども新聞のしくみ】

　スケートリンクを女の子と男の子が気持ちよさそうに滑っています. ふたりの姿とまわりの景色が氷の"鏡"に映っていますね.

　これは, モンゴルの子ども新聞に掲載された「まちがいさがし」コーナーです. モンゴル語を読んでみましょう.

　最初の6行がТで頭韻を踏んだ韻文の形になっています.

　1行目のтунгалагは「透明な, 透き通った」, сайханは「きれいな」という意味の形容詞です.

　мөсөн дээрで「氷上に, 氷上で」.「氷」を意味する名詞はмөсですが, 「～の上に, 上で」を表すдээрの前ではмөсөнの形になります.

　2行目のтэшүүрээрは, тэшүүр「スケート靴」に道具や手段を表すしっぽ「～で」ээрがついたものです. 次のгулгажは動詞の本体гулга「滑る」に「～(し)て」жがついた形, байхадは動詞の本体бай に「～する」を表すхとしっぽ「～に」дが合わさっています. 2行目全体で「滑っているときに」.「～(する)とき」に相当する言葉はここでは不要です.

　3行目のтолинд「鏡に」はтоль「鏡」にしっぽ「～に」дをつけた形. туссанは動詞の本体тус「映る」に「～した」を表すсанをつけています. мэтは「～のように」. ここまでで「鏡に映ったように」.

　3行目最後のдүрсは4行目の主語になります. дүрсは名詞で「姿, 形」. ここではスケート場全体の様子のことを表しています.

　4行目のтодхон ил харагддагですが, тодхонとилはどちらも副詞で「はっきりと」の意味. 次のхарагддагは次のように分解できます.

　動詞の本体хар(а)は「見る, 眺める」, 受け身や自発を表すしっぽ гд. ここまでで「見える」. 残るдагは恒常性を表すしっぽです.

この4行目までが全体でひとつの文になっています．ここではピリオドは省略されています．「透明できれいな氷の上でスケートを滑っていると，鏡に映ったように景色がはっきりと見えます」

この後は，以下のようなことが書かれています．

少年スケーターのバヤラー君がこのような景色を見て，逆さまの絵を下に描いたときに4つの間違いをしてしまいました．みなさん，探して見つけてください．

なお，一番下は出題者ふたりの名前です．

モンゴル語の意味がわかったところで，この間違い探しをやってみましょうか．

おや，間違いは4つだけのはずが....

## 【「馬」のしくみ】

右ページには 2 点の図版があります.

①はモンゴルの音楽の教科書の一部, ②はモンゴルにある日本料理店の新聞広告です. 順番に見ていきましょう.

音楽の教科書で取り上げられているのはморь унаяという曲. морьは「馬」, унаяは「〜に乗ろう」ですので, タイトルは「馬に乗ろう」.

次に, ②の図版ですが, 首都ウランバートルにある日本食レストランの広告最上段に注目してみましょう.

斜字体で書かれていますので, 通常の書体に直してみます.

Монгол дахь арлын Японд тавтай морилно уу

まず, Монголが「モンゴル」ですね. その右側にあるдахьは, つづりでは離して書きますが, 名詞の後ろにつけるしっぽです. 「(どこそこ) にある〜」という意味を表します.

次のарлынは, арал「島」にしっぽын「〜の」がついたものです. 後ろのЯпондは, Япон「日本」に「〜に」を表すしっぽ‐дがつき「日本に」. このарлын Японで「島国の日本に」という意味になります. エッセイなどでは, 日本のことを "海に浮かぶ島" と詩的に表現することがあります.

続くтавтайは「快適に, 心地よく」の意味で, 後ろの動詞にかかります.

морилно ууは動詞の本体морилにしっぽноと「〜か?」を表すууがつき, 全体で〔モリルノー〕と発音します.

このморилですが, морьをもとに作られた動詞なのです.

では, 意味は「馬」に関係するものなのでしょうか. 実は, морилは特別な敬語動詞で, あらたまった場面や文脈で用いられる「いらっしゃ

る，おこしになる，おいでになる」などの意味を表します．意味の上では馬とは直接関係しませんが，モンゴルの伝統文化における「馬」の重要性が感じられる表現ですね．

　この文全体で「モンゴルにある島国・日本におこしください」といった意味になります．丁寧な勧誘・依頼の表現で，形は疑問文ですが，末尾の「？」は省略されています．

図①

図②

## 【キーボードのしくみ】

モンゴル語のアルファベットをパソコンなどで入力してみましょう.

キーボード配列を右ページに示しておきますので,ご覧ください.

「モンゴル国式キーボード配列」と呼ばれる方式です.

モンゴル国のスタンダード方式ですので,Windows と Macintosh の両方で採用されています.モンゴル語において出現頻度の比較的高い文字が,中央寄りに配置されています.母音字のうち,よく似た字形の У [o] と Y[u] の位置にも注意しましょう.

また,最近はスマートフォンを使うことも多くなっていますので,下に iPhone のキー配列の例もご紹介します.基本はパソコンと同じですが,いくつかの文字の配列が異なりますので,ご注意ください.なお,щ と ъ の文字は,ш あるいは ь の文字を長押しすることで選択できます.

小文字

大文字(左下の ⇧ キーを押す)

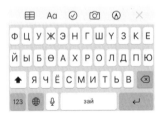

щ の入力

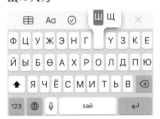

ъ の入力

キーボード配列（小文字）例：Macintosh

キーボード配列（大文字）例：Macintosh
　＊左下の ⇧ キーや shift キーを押しながら

# 参考図書ガイド

『ニューエクスプレスプラス　モンゴル語（CD 付）』橋本勝著，白水社
　　会話＋文法．全 20 課でモンゴル語の基本を学ぶ．

『ニューエクスプレス　モンゴル語単語集』橋本勝著，白水社
　　いつでも，どこでも，すぐに使える双方向の単語集．見出し語 3000
　　語はカナ発音つき．

『初級モンゴル語』塩谷茂樹／Ｅ・プレブジャブ著，大学書林
　　基本的な文法事項の理解に最適．

『詳しくわかるモンゴル語文法（CD 付）』山越康裕著，白水社
　　モンゴル語を体系的に学べる本格的な文法書．

『旅の指さし会話帳 16 モンゴル語』川越有希子著，情報センター出版局
　　基本的な語彙を楽しく学べる．

『モンゴルに暮らす』一ノ瀬恵著，岩波新書
　　留学経験に基づいた興味深い文化論．

『モンゴルは面白い』金岡秀郎著，トラベルジャーナル
　　モンゴルの文化をさまざまな側面からわかりやすく説明．

『もっと知りたい国　モンゴル』西村幹也著，心交社
　　あまり知られていないこの国の魅力をモンゴル研究者が熱く描き出
　　す．写真多数収録．

『ゼロから話せるモンゴル語（CD 付）』温品廉三著，三修社
　　日常生活のさまざまな場面の平易な対話表現を学べる．

著者紹介

温品廉三（ぬくしな　れんぞう）

　　　元東京外国語大学モンゴル語専攻教員.

　　　著書は『ゼロから話せるモンゴル語』（三修社）.

---

モンゴル語のしくみ《新版》

2021 年 11 月 15 日　印刷
2021 年 12 月 5 日　　発行

著　者 ⓒ　温　品　廉　三
発行者　　及　川　直　志
印刷所　　株式会社梨本印刷

〒101-0052　東京都千代田区神田小川町 3 の 24

発行所　　電話　03-3291-7811（営業部）, 7821（編集部）　　株式会社　白水社
　　　　　www.hakusuisha.co.jp

乱丁・落丁本は, 送料小社負担にてお取り替えいたします.

振替　00190-5-33228　　　Printed in Japan　　　　　加瀬製本

ISBN978-4-560-08924-8

## 通読できる入門書！

はじめての外国語なのにスラスラ読める！ 文法用語や表に頼らない，とっても楽しい入門書．名前しか知らなかった"言葉"が，あなたのお気に入りになるかもしれません．

# 言葉のしくみ《新版》
シリーズ

| | |
|---|---|
| ロシア語のしくみ　黒田龍之助 | バスク語のしくみ　吉田浩美 |
| ハンガリー語のしくみ　大島 一 | 古典ギリシア語のしくみ　植田かおり |
| クロアチア語のしくみ　三谷惠子 | 日本語のしくみ　山田敏弘 |
| ラテン語のしくみ　小倉博行 | 韓国語のしくみ　増田忠幸 |
| フィンランド語のしくみ　吉田欣吾 | 中国語のしくみ　池田 巧 |
| ノルウェー語のしくみ　青木順子 | モンゴル語のしくみ　温品廉三 |
| ドイツ語のしくみ　清野智昭 | ベトナム語のしくみ　田原洋樹 |
| イタリア語のしくみ　野里紳一郎 | インドネシア語のしくみ　降幡正志 |
| フランス語のしくみ　佐藤 康 | スワヒリ語のしくみ　竹村景子 |
| スペイン語のしくみ　岡本信照 | |

各巻 ■B6変型　■146頁